中共河北省委党校（河北行政学院）创新工程资助

红色文化保护
与传承路径研究

姜文静　著

河北出版传媒集团
河北人民出版社
石家庄

图书在版编目（ＣＩＰ）数据

红色文化保护与传承路径研究 / 姜文静著. -- 石家
庄 ：河北人民出版社，2024.5
ISBN 978-7-202-16900-1

Ⅰ．①红… Ⅱ．①姜… Ⅲ．①革命传统教育－研究－
中国 Ⅳ．①D642

中国国家版本馆CIP数据核字(2024)第033173号

书 名	红色文化保护与传承路径研究
著 者	姜文静

责任编辑	王 岚
美术编辑	李 欣
封面设计	史海燕
责任校对	余尚敏

出版发行	河北出版传媒集团　河北人民出版社
	（石家庄市友谊北大街 330 号）
印 刷	河北万卷印刷有限公司
开 本	710 毫米 × 1000 毫米　　1/16
印 张	14
字 数	175 000
版 次	2024 年 5 月第 1 版　　2024 年 5 月第 1 次印刷
书 号	ISBN 978-7-202-16900-1
定 价	88.00 元

前　言

　　在时代的交错与转换之中，红色文化如同一座灯塔，照亮了中华民族的前行之路。回顾中国的近现代历史，这段充满坎坷与荣耀的岁月，红色文化不仅是一个历史阶段的记忆，更是一种强大的国家与民族的精神象征。它见证了中国共产党领导下的人民为追求民族独立和人民幸福所进行的艰苦斗争，同时也见证了一个国家从曾经的积贫积弱走到今天的繁荣昌盛。红色文化的深厚内涵早已超越了历史的局限性，它与时俱进，融入新时代的语境中，成为当代中国精神的重要组成部分。它让人们铭记历史，更重要的是，它也指引着未来。在全球化、信息化的背景下，红色文化是连接过去与未来、传统与现代的重要纽带，它是人们在风云变幻的时代中坚守初心、继续前行的信仰之源。红色文化的内涵和价值并非仅仅停留在历史与文化的层面，它与中国特色社会主义的发展紧密相连，是国家治理、经济建设、文化繁荣、党的建设等各个领域的重要支撑。在"文化强国"的战略背景下，红色文化更是被赋予了新的定义与期待，它的地位与重要性不断提升，成为新时代中国特色社会主义文化建设的核心内容。

　　本书共分八章，第一章围绕文化强国的战略定位展开，深入剖析红色文化在构建文化强国中的核心地位和作用。通过对文化强国内涵与意义的解读，以及对红色文化的重要性分析，旨在建立一个全面的理论框架。第二章则通过探索红色文化的历史发展脉络，揭示其深厚的历史根基和现代价值。从红色文化的内涵与基本特征到其生成机制的探讨，不仅重构了红色文化的历史图景，还突出了其在新时代的独特价值和意义。第三章聚焦红色文化的现代转译，探索其与现代文化的互动和融合，旨在寻找传统与创新的融合路径，着重分析了如何在新的时代背景下对红色文化进行现代转译，以及这一过程中革命传统与现代文化对话的重要性。第四章深入研究了红色文化在党建体系中的保护与传承，探讨了如何有效运用红色文化进行党员干部的教育与培训。从党校在整合与运用红色文化方面的策略，到红色文化对党员干部滋养与教育的实践，提供了细致的案例分析和策略探讨。第五章展示了红色文化在现代经济领域中的巨大潜力。从红色遗址的经济转化与保护，到红色文化产业与旅游业的深度融合，再到红色主题创意产业的发展和红色品牌市场营销策略，多角度分析了红色文化在现代经济中的应用和发展。第六章重点论述了红色文化在传媒领域中的传承与传播。从传统媒体对红色文化的诠释与传播，到新媒体环境下的红色文化传承，以及社交媒体时代的红色文化传播，探讨了多种传媒渠道在红色文化传播中的作用和挑战。第七章以河北省为例，详细介绍了地方层面上红色文化保护与传承的实践和经验。通过梳理河北红色文化的多元呈现形式及其保护和传承策略，呈现了地方红色文化保护与传承的独特视角。在第八章的总结与展望中，本书对红色文化的未来走向提出了深刻的见解和建议。通过对红色文化活化传承的讨论，以及对其未来发展趋势的预测，旨在为红色文化的持续发展和深化传承提供理论指导和实践参考。

笔者在撰写本书过程中参考了一些专家、学者的研究成果，在此向相关人员表示衷心的感谢。由于时间仓促，笔者水平有限，本书不足之处在所难免，恳切希望广大读者、专家批评指正。

目 录

第一章
文化强国与红色文化

第一节　文化强国的内涵与意义

文化强国是基于对时代大背景的深入分析和对国家未来发展的远见卓识。中共中央办公厅、国务院办公厅印发的《"十四五"文化发展规划》明确了"坚持党的全面领导"的工作原则，强调，"坚持和完善党领导文化发展的体制机制，贯彻落实党管宣传、党管意识形态、党管媒体原则，把党的领导落实到宣传思想文化工作方方面面，为实现文化高质量发展提供根本保证。"①党的二十大强调"推进文化自信自强，铸就社会主义文化新辉煌"②，对文化强国建设作出系统全面的新部署。文化强国不仅是为了应对外部环境的挑战，更是基于国内经济和社会发展的实际需求，希望通过发展文化产业和弘扬传统文化，为中国的未来发展提供坚实的文化支撑。

一、文化强国提出的时代背景

随着 21 世纪的到来，世界进入一个新的历史阶段。在这一阶段，文化、信息、技术和经济深度融合，形成了一个相互联系、相互影响的全球网络。在这样的背景下，文化不再仅仅是各国内部的事务，而是成为国际政治、经济和社会发展的重要因素。因此，各国开始重视自己的文化特色和文化软实力，希望通过文化来提高自己在国际上的地位和影响力。

---

① 佚名：《中共中央办公厅　国务院办公厅印发〈"十四五"文化发展规划〉》，《人民日报》2022 年 8 月 17 日第 1 版。
② 习近平：《高举中国特色社会主义伟大旗帜　为全面建设社会主义现代化国家而团结奋斗：在中国共产党第二十次全国代表大会上的报告》，《人民日报》2022 年 10 月 26 日第 1 版。

中国作为世界上历史悠久、文化丰富的国家之一，对文化的重视自然不言而喻，但在长时间的封闭和冷战期间，中国的文化交流受到了限制，导致其在国际上的影响力受到了挑战。进入 21 世纪后，中国迅速崛起为世界第二大经济体，与此同时，中国也开始积极参与国际文化交流，希望通过这种方式来加强自己的文化软实力。在这样的背景下，中国领导层提出了文化强国的战略，这一战略的核心是强调文化的重要性，认为文化是一个国家的灵魂和基石，只有通过发展和弘扬本国的优秀文化，才能在国际上获得尊重和认可。

二、文化强国战略的内涵解读

党的十七届六中全会审议通过《中共中央关于深化文化体制改革推动社会主义文化大发展大繁荣若干重大问题的决定》，正式提出"努力建设社会主义文化强国"的战略目标。党的十八大以来，以习近平同志为核心的党中央进一步深化社会主义文化强国的战略部署，全面深化文化体制改革，文化发展迈上新台阶。2020 年 10 月召开的中国共产党第十九届中央委员会第五次全体会议，进一步深化了社会主义文化强国的战略部署，提出要坚持马克思主义在意识形态领域的指导地位，坚定文化自信，坚持以社会主义核心价值观引领文化建设，加强社会主义精神文明建设，围绕举旗帜、聚民心、育新人、兴文化、展形象的使命任务，促进满足人民文化需求和增强人民精神力量相统一，推进社会主义文化强国建设。[①]

在新的时代背景下，中国提出的文化强国战略迎合了文化和经济的深度融合。文化强国战略发掘中华民族丰富的文化资源，重塑民族文化自信并将其转化为全球竞争的文化力量。中华文化作为世界上古老、连

---

① 《中共十九届五中全会在京举行》，《人民日报》，10 月 3 日第 1 版。

续不断的文明之一，蕴藏着深厚的哲学思想、艺术成就和科技创新。这种文化资本的累积，为中国在全球舞台上提供了独特的软实力，因此，挖掘和推广中华文化成为文化强国战略的首要任务。

文化强国不仅关注历史和传统，更着眼于现代文化的发展和创新，这意味着中国不仅要继承和传承，更要与时俱进，与全球文化进行交流和对话。这样的双向互动，既能让中华文化得到全球的认同和尊重，也能让中华文化吸收和融合其他文化的优点，实现真正的全球化。文化产业作为经济的重要支柱，也是文化强国战略的核心领域，通过科技和创意的力量，文化产业可以创造巨大的经济价值，也能提高国家的文化影响力。因此，中国政府提供了一系列政策和资金支持，鼓励文化创意和技术创新，加强文化市场的管理和监管，以确保文化产业健康、稳定和可持续地发展。提高中华文化的国际影响力是文化强国战略的另一个重要目标，在全球化的今天，文化交流已成为各国之间建立互信和合作的桥梁。中国应积极参与国际文化交流和合作，推广中华文化，加强对外文化交流机构的建设，提高文化产品的国际竞争力，确保中华文化在国际舞台上得到应有的地位和尊重。

三、文化强国战略的指导意义

文化强国不仅在国家战略层面确立了文化的发展方向，而且在彰显马克思主义文化理论正确性的同时开展创新，在马克思主义的继承与发展中提升国家文化软实力，并最终为在全世界范围内构建人类命运共同体产生推动作用。[①] 强国战略是中国文化发展和外交政策的一个关键组成部分，它不仅揭示了中国对自身文化定位的理解，而且为文化产业和

---

① 熊婷婷：《新时代建成文化强国的价值要义》，《太原理工大学学报（社会科学版）》2022 年第 2 期。

外交活动提供了清晰的指导方向，该战略的指导意义主要体现在以下三个方面。

（一）有助于实现中华民族伟大复兴

中华民族伟大复兴是中国特色社会主义的核心任务，也是亿万中华儿女的共同心声和追求。这一伟大目标不仅涉及经济、科技、政治、军事等方面的全面崛起，还必须包括文化的复兴与发展。在这方面，文化强国战略无疑提供了明确的方向和动力。

中华文化是中华民族的根和魂。从古至今，中华文化中积淀了丰富的哲学思想、伦理道德、艺术成果和生活智慧，这些都为中华民族的持续发展和繁荣提供了源源不断的动力。但在近现代史中，受到外部压力和内部困境的双重打击，中华文化遭受了前所未有的挑战。现在，随着中国的综合国力日益增强，有了实现文化复兴的机会和条件。文化强国战略强调了中华优秀传统文化的价值，要求全社会加大对其的研究、传承和创新，这有助于挖掘中华文化中的精髓，使其能够为中华民族伟大复兴提供更加坚实的文化基础和思想支撑。此外，文化强国战略还注重中华文化与世界文化的交流与对话，在保持自身特色的基础上，积极吸收外部文化的有益成分，丰富和发展自己，这不仅有助于中华文化的创新，也为中华民族伟大复兴提供了国际视野和开放思维。

（二）有助于增强国家文化软实力

文化软实力体现了一个国家在国际上通过其文化、价值观、制度等非物质因素所获得的吸引力与影响力。文化作为一种"软实力"，在综合国力竞争中极为重要，文化强国形象的塑造，包括具有高度文化素养的国民、蒸蒸日上的公共文化事业、繁荣发达的文化产业，归根结底就是形成强大的文化软实力，这有赖于培育全民族高度的文化自觉、文化自信，以实现文化自强。[①]在今天这个全球化、信息化的世界里，国家之间的竞争早已不仅仅局限于经济和军事，更多的是在文化、信息和价值观上的传播与交流。在这样的大背景下，中国提出的文化强国战略，为增强文化软实力提供了明确的方向。

中国是一个历史悠久、文化丰富的国家。从古至今，中华文明已经积淀了 5000 多年的历史，它孕育出了丰富多彩的文化遗产，如中医、书法、京剧、茶文化等，这些都是中华民族的宝贵财富。然而，在长时间的历史进程中，尤其是近现代史上，由于各种原因，中国的文化在国际上的影响力并不如其历史地位所应有的那样大。这一状况的出现，使得中国的文化软实力在一段时间内受到了限制。21 世纪，随着中国综合国力的迅速崛起，中国开始更加注重文化的传播和交流，希望通过文化输出，增强自己的国际影响力，这也是中国提出"文化强国"这一战略的原因。通过这一战略，中国希望能够在国际上塑造一个更加积极、正面的形象，让世界更好地了解真实的中国。

实施文化强国战略，对于增强中国的文化软实力具有十分重要的意义，它可以让世界更好地了解中国，消除各种误解与偏见。在这个信息时代，信息的传播速度是十分快的，但往往也伴随着各种偏见和误解。通过强化自己的文化输出，中国可以更好地展现其真实、多元的一面，打破各种刻板印象。增强文化软实力也有助于提高中国在国际事务中的话语权。在很多国际议题上，有强大的文化软实力可以为中国提供更多的议价筹码，使得其在国际舞台上的立场和观点得到更多的理解和支持。增强文化软实力还可以为中国打造一个更加有吸引力的国家形象，

[①] 张妍彤：《文化强国战略下革命文化传承研究》，硕士学位论文，东北石油大学马克思主义理论专业，2023 年。

吸引更多的国际游客、学者、企业家等到中国来交流与合作，从而进一步加强与世界各国的友好关系。

（三）有助于提升民族文化自信

中华文化自古以来就是一种集体的记忆，代代相传，是中华民族的精神支柱和价值观的核心，其深厚的历史文脉、丰富的哲学思想、绚烂的艺术创造，都为中华民族赢得了全球的尊重与赞誉。然而，在现代化的进程中，因受到外来文化的冲击，部分人出现了对本民族文化的忽视甚至是贬低现象。在这样的背景下，提出文化强国的战略，正是为了从根本上提升中华民族的文化自信。

文化自信是人们对自身文化价值的一种肯定，是对自身文化生命力持有的坚定信心，并积极承担自身文化赋予的使命和责任。[①]提升中华民族文化自信，首先要明确中华民族的文化优势。中华传统文化中，儒家、道家、佛家的哲学思想，不仅指导了几千年的社会行为，还与现代社会的核心价值观念有着奇妙的契合。例如，儒家主张的仁爱之心、道家追求的自然和谐、佛家宣扬的超脱与慈悲，都是当今社会所追求的。

此外，还应该认识到，文化不是封闭的，它需要与时俱进，吸收外来文化的有益成分，为自身的发展提供养分。过去的经验告诉我们，中华文化有着强大的吸纳与融合能力。例如，在汉唐时期，佛教从印度传入，经过汉化，成为中华文化的重要组成部分，这也证明了中华文化的生命力和包容性。提升文化自信也意味着中国要加强对外文化交流与合作，只有让更多的人了解中华文化，才能真正实现文化的输出与传播。通过国际文化节、海外孔子学院等平台，可以将中华文化的魅力传递到

---

① 范桂森、武剑英：《文化自信视域下高校实践育人系统研究》，北京工业大学出版社 2022 年版，第 21 页。

世界的每一个角落。强调中华民族的文化自信，不是排斥其他文化，而是在坚守本民族文化特色的基础上，进行文化的交流与碰撞，只有充分认识到自己文化的价值，才能更好地与其他文化进行对话，共同为人类文明的进步作贡献。

第二节　红色文化在文化强国中的重要性

随着时代的发展，中华民族正迎来一个崭新的历史时期，文化成为国家竞争力的重要组成部分。其中，红色文化以其深厚的历史底蕴和独特的价值取向，成为中国特色社会主义文化的核心，它不仅关乎民族的精神家园建设，更与国家的文化自信和国际地位息息相关。红色文化作为中国的精神文化，具有举旗帜、聚民心、育新人、兴文化、展形象等重要作用，能为建设文化强国提供强有力的支撑。[①]为深入探讨红色文化在文化强国战略中的关键作用，本节将分析其核心地位、对国家文化自信的影响，以及其在国际文化交往中的价值与意义。

一、红色文化：中国特色社会主义文化的核心

红色文化作为中国特色社会主义文化的核心，具有深厚的历史渊源、丰富的文化内涵和广泛的社会影响，它不仅为中华民族伟大复兴提供了精神支撑，还为中国文化的发展和传播作出了巨大贡献。在未来，红色文化将继续为中华民族的发展和进步提供动力和指引。红色文化的发展与传承深受历史背景的影响，从中共一大到解放战争的胜利，从"大跃进"时期到改革开放的风潮，每一个历史阶段都留下了红色文化

---

① 刘建平：《弘扬红色文化　建设文化强国》，《红旗文稿》2020 年 24 期。

的深厚烙印。这些历史事件不仅记录了中国共产党与中国人民的斗争历程，更为中国特色社会主义的文化建设提供了宝贵的经验和启示。

红色文化在中国特色社会主义中扮演着至关重要的角色。作为中华民族伟大复兴的精神支柱，红色文化为中国特色社会主义提供了理论指导和实践参考，它不仅激励了中国人民在新的历史时期继续前进，更为世界其他国家和民族提供了成功的发展模式。红色文化也为中国文化自信的建立作出了巨大贡献。在国际舞台上，中国特色社会主义文化以红色文化为核心，展现了中华民族的伟大精神和文化魅力，红色文化不仅加深了中华民族的文化自觉和自信，还使得中国文化在世界文化中占据了越来越重要的位置。红色文化在当代中国也有着广泛的应用和传播。在各种文化产品和活动中，红色文化的元素和精神都得到了有效的传播和弘扬，无论是在影视作品中，还是在文学创作、艺术展览中，红色文化都为人们提供了丰富的精神食粮和文化享受。

二、红色文化与国家文化自信的建立

红色文化与国家文化自信的建立之间存在着密切的联系，红色文化不仅为中华文化提供了丰富的资源，也为增强国家文化自信提供了有力的支撑。在新的历史时期，红色文化更应该得到深入研究和广泛传播，为中华民族伟大复兴提供坚实的文化基石。要强调，"弘扬以伟大建党精神为源头的中国共产党人精神谱系，用好红色资源""传承红色基因，赓续红色血脉"①。红色文化作为一种独特的文化现象，脱胎于中国的革命历史，从长征到抗日战争，从解放战争到社会主义建设，中国共产党领导的各种革命斗争都为红色文化注入了丰富的内涵。这种文化不仅仅

---

① 习近平：《高举中国特色社会主义伟大旗帜为全面建设社会主义现代化国家而团结奋斗：在中国共产党第二十次全国代表大会上的报告》，《人民日报》2022年10月26日第1版。

是革命歌曲、红色旅游景点或者某些特定的符号，它更是一种精神，一种对社会主义理念的坚定信仰，一种对中华民族伟大复兴的执着追求。

当今时代，面对全球化的挑战，中华文化面临被边缘化的风险，在这样的背景下，红色文化成为弘扬中华文化、增强文化自信的重要载体。红色文化所包含的坚韧不拔的斗争精神、为人民服务的宗旨以及对社会公正和人民幸福的追求，与中华传统文化中的道德观念、家族观念及和谐观念相得益彰。文化自信是一个国家文化软实力的表现，一个国家只有对自己的文化有自信，才能够在国际舞台上有所作为。红色文化提供了这样一个平台，使得中国可以自信地展示自己的文化特色和价值观，与世界各国进行文化交流和互鉴。红色文化也是中国特色社会主义核心价值观的重要组成部分，在推进中华民族伟大复兴的征程中，红色文化对于弘扬社会主义核心价值观，培育社会主义文化，增强全社会的思想道德建设，都具有重要的作用。要真正发挥红色文化在国家文化自信中的作用，仅仅依赖历史的积淀是不够的，需要通过创新的方式，将红色文化与现代文化相结合，使其更加符合时代的要求。例如，可以通过现代科技手段，如数字技术、网络技术等，来对红色文化进行再创作，使其更加生动、形象，更能够吸引年轻人的关注。

三、红色文化在国际交往中的价值与意义

红色文化，作为中国特色社会主义文化的核心，早已不仅仅是一种国内的精神象征，它在国际交往中也发挥着不可或缺的作用。这种作用既有助于国际友人了解中国，也在某种程度上成为中国软实力的重要组成部分。

（一）提供全球视野下的中国叙事

红色文化的深厚历史积淀为中国构建全球视野下的独特叙事提供了坚实的基石。在 21 世纪这个信息高速流通的时代，国家叙事的重要性日益凸显，它决定了一个国家在国际舞台上的形象和声誉。红色文化为中国的全球叙事提供了三个主要维度：历史、价值和使命。

从历史的角度看，红色文化讲述了中国人民在中国共产党领导下，经过长期的抗争，如何实现从半殖民地半封建的国家走向现代化强国的历程。这个叙事强调了中国人民的勇气、智慧和坚韧，展现了中国人民面对困难不屈的品质。从价值的角度看，红色文化传达了公正、平等、自由和人民至上的核心价值，这些价值观展示了中国社会主义的特色，强调了中国共产党为人民服务的核心宗旨。从使命的角度看，红色文化描绘了中国为实现中华民族伟大复兴而不懈努力的蓝图，这一使命不仅仅关乎中国，也关乎世界。在全球视野下，中国的发展为世界的和平、稳定和繁荣作出了重要贡献，红色文化通过这三个维度，构建了一个独特而富有深度的中国叙事。这一叙事不仅仅是关于过去，更是关于未来，它展望了一个在中国共产党领导下，中华民族更加繁荣、世界更加和谐的未来。

在这个叙事中，中国并不是一个孤立的存在，它是世界的一部分，与各国共同构建人类命运共同体的愿景。红色文化的叙事为中国打开了与世界的对话之门，让更多的人了解、理解和接纳中国，也为中国的国际合作和交流提供了有利的条件。

（二）红色文化与国际文化的交融

红色文化根植于中国革命的历史土壤，承载了中国共产党和人民群众为实现民族独立、人民解放和国家富强所付出的巨大努力和牺牲。而在红色文化与国际文化交往的过程中，这一文化的独特性与其价值产生了广泛的交融和影响。世界上许多国家和地区都经历过为争取民族独立和人民解放而进行的斗争，他们的斗争经历、牺牲精神和坚定信念与中国红色文化中的核心理念有着诸多相似之处。当红色文化中的故事和主题传播到国际社会时，无论是非洲的民族解放斗争，拉美的反帝斗争，还是亚洲其他国家的独立斗争，都能找到与之相似的脉络和情感共鸣。

红色文化也与国际文化交融在更为微观的艺术和文学领域，许多红色经典歌曲、电影和文学作品，通过其富有感染力的情感和主题，与国际上的艺术和文学作品产生了深入的交流和互动。这种交融不仅在艺术表现上产生了新的创意火花，还在情感共鸣上为不同背景的人们搭建了桥梁。红色文化在国际交往中也逐渐被认为是中国与世界交往的重要媒介，它不仅展示了中国的历史和现实，也为世界了解中国提供了一个独特的视角。这种角度，既包含中国的革命历程、斗争经验，也包含中国人民的理想、追求和价值观。

（三）作为中国文化输出的重要内容

红色文化作为中华民族近现代历史中具有标志性和影响力的文化遗产，已逐渐成为中国文化输出的关键内容。在推动中国特色社会主义文化走向世界的过程中，红色文化的独特价值和内涵为各国人民提供了一种全新的视角，帮助他们更深入地了解和感知中国。

红色文化所包含的历史事件、人物故事和理念，都与中国的现代化进程、国家建设和民族复兴密切相关，这种关联性使得红色文化不仅为国外人民呈现了中国过去的辉煌和艰辛，还与当今中国的发展和追求形成了有机连接。例如，红色经典《红星照我去战斗》《白毛女》等，既展示了中国革命历程中的英雄主义，也为世界人民揭示了中国人民的团结、勇气和牺牲精神。近些年，中国的文化产业在电影、音乐、文学和艺术等领域都取得了显著的进步，红色主题的作品也在这波文化崛起中占据了一席之地。从影院的红色主题电影，到海外文化节上的红色艺术展，红色文化以其鲜明的特色和深远的意义受到了国际社会的广泛关注。不仅如此，红色文化在教育和学术研究领域也得到了广泛应用，许多国家的学者和研究者纷纷对红色文化进行深入研究，期望从中获得对中国社会、政治和文化的深入了解。同时，红色文化也成了中国与其他国家进行文化交流和合作的重要桥梁。

（四）强化中国的国际形象与影响力

红色文化，蕴含着中国近现代历史的坚韧和英勇，代表了中国人民在各种困境中展现的勇气、智慧和坚决，它已成为中国特色社会主义文化中不可或缺的一部分，并在国际交往中起到了无可替代的作用，有力地强化了中国的国际形象与影响力。理解一个国家的文化是了解其历史、价值观和发展道路的关键。红色文化正是这样一个能够深入展现中国历史和文化的桥梁，它让世界看到了中国人民在抵抗外来侵略、推翻封建统治、反对腐败、实现现代化等诸多领域的非凡努力和卓越成果，这种形象不仅让世界了解中国，更让世界尊重中国。

红色文化中所包含的牺牲、奉献和革命精神，成为中国与世界各国建立友好关系的重要纽带。当世界了解到中国为了民族独立和人民幸福所付出的努力和牺牲时，对中国的尊重和理解也随之加深。红色文化的传播和推广也为中国打开了国际文化交流的大门，无论是电影、音乐、艺术还是学术研究，红色文化都成为中国与世界交流的一个重要载体。许多国家的艺术家、学者和民众都因为红色文化而对中国产生了浓厚的兴趣，进而深入了解中国的历史、文化和现状。

第二章
红色文化的历史
沿革与现代价值

第一节　红色文化的历史发展脉络

红色文化是中国共产党在领导中国人民进行艰苦卓绝的革命斗争，努力实现国家独立、民族复兴、人民幸福的历史进程中，创造并保存下来的一种物质与精神形态共存的特殊宝贵资源。[①] 在社会主义文化蓬勃发展和繁荣的新时代背景下，对红色文化的新的理解和认识有助于进一步挖掘其深厚的精神价值，从而为社会主义的现代化进程注入更为坚实的精神动力。红色文化作为中国共产党历史上的精神瑰宝，不只是革命的崇高追求的体现，更是对时代背景的紧密响应和反映。红色文化所蕴含的政治意义和教育价值是显而易见的，也是其在中国持续得到广大人民深厚情感认同的核心因素。红色文化的发展大体上可以被概括为以下四个主要阶段。

一、初创萌芽期

1921 年，中国共产党的诞生标志着红色文化进入启蒙阶段，在这一时期，中国正处于封建残余和西方列强侵略的交织之中。正是在这样一个社会背景下，中国共产党与红色文化相互孕育，相互依托，开始了其光辉历程。

中国共产党的成立代表了对马克思主义、列宁主义的探索与实践。在早期的红色文化中，可以观察到大量关于革命、反抗和建设新社会的理论与思想，涉及的文化元素，如歌曲、诗歌、戏剧等，开始初步形成，

[①] 黄咸书、龚雪娇：《浅析新时代高校思想政治教育研究》，《职业教育（中旬刊）》2022 年第 4 期。

预示着红色文化将会逐渐成为中国特色社会主义文化的重要组成部分。

回顾这一时期，可以发现三个明显的特点。第一，思想启蒙与革命热情。面对西方列强的侵略和国内的旧社会矛盾，新兴的共产主义者们带着对马克思主义的热情和对中国社会改革的决心，开始进行大量的宣传和教育工作。例如，陈独秀、李大钊等早期的共产党人在各大城市创办了多种左翼刊物，如《新青年》《火星》等，它们成为红色文化的发源地，为革命者们提供了思想武器。第二，艺术与文化的融合。早期的红色文化并不是孤立的，它与当时的艺术和文化紧密结合，许多早期的红色文化作品，如电影《南湖初夏》、歌曲《我们走在大路上》等，都充满了革命的热情和对新社会的向往。这些作品既具有艺术价值，又具有政治意义，它们为红色文化的深入人心打下了坚实的基础。第三，民众的广泛参与。在初创萌芽期，红色文化并不是上层建筑的产物，而是与广大民众紧密相连。无数的工人、农民和知识分子，在共产党的领导下，积极参与到红色文化的创作和传播中，他们的参与不仅丰富了红色文化的内容，还提高了红色文化的社会影响力。

红色文化的初创萌芽期，对于后续的发展起到了至关重要的作用。在这一时期，红色文化的基础被打下，为后续的发展奠定了坚实的基石，而随着革命斗争的不断深入，红色文化也逐渐从这一时期的启蒙和探索，走向了更为成熟和系统的发展阶段。

二、发展巩固期

进入 20 世纪 30 年代，随着中国革命事业的进一步推进，红色文化也逐渐进入一个关键的发展和巩固阶段。这一阶段标志着红色文化从早期的萌芽走向深入人心，从一个局部的火花成长为燎原之势，点燃了广大民众的热情。

在中国共产党的领导下，多个坚固的革命根据地在全国各地逐渐形成，中央苏区、陕北、晋察冀成为红色文化的重要发源地。在这些地区，红色文化与革命的实践活动相互结合，共同为人民群众提供了精神支撑与教育启示。每一个崭新的歌声，每一个革命的故事，都成为激发斗志的重要载体，传递着革命的火炬，点亮了人们心中的希望之光。

此时期的红色文化尤其在农村地区，起到了巨大的推动作用。在这些地方，农民在红色文化的引导和熏陶下，开始积极地参与到革命的行列中来，他们不仅是革命的实践者，也成了红色文化的传播者。革命歌曲、故事、戏剧在农田、山村间广为传唱和讲述，为更多的人带去了革命的理念和精神。

红色文化在抗日战争中的作用也不容忽视。抗日战争期间，中国人民遭受了巨大的伤害，但红色文化却如春风，吹遍了大江南北。歌曲《义勇军进行曲》在战场上成为士兵们的战歌，激励着他们英勇抵抗侵略者，捍卫国家的尊严。这些歌曲和故事不仅仅在战时起到鼓舞的作用，更在战后成为整个民族共同的记忆，为人们提供了坚韧不拔、勇往直前的力量。在文艺领域，红色文化得到许多知名文艺家的支持和响应，他们的作品不仅批判了旧社会的黑暗，更展望了新社会的光明，在他们的笔下，革命不再是遥远的概念，而是与人民群众息息相关的现实。这些作品深深地影响了当时的文艺创作，为红色文化的传播注入了强大的动力。

三、成熟传播期

随着 20 世纪 40 年代的来临，红色文化进入成熟传播期。在这一时期，红色文化不仅深入人心，更是得到了广泛的传播和普及，从城市到乡村，从学校到社区几乎无处不在。

新中国的成立为红色文化提供了一个全新的展示舞台。在党的领导下，新政府高度重视文化事业的发展，将红色文化作为一种国家战略，大力推广。在全国各地，大大小小的文化活动和演出都离不开红色主题，这样的活动不仅丰富了人民群众的文化生活，更为新生的国家注入了强大的凝聚力。此时期，许多经典的红色歌曲、电影和戏剧作品纷纷问世，如《弹起我心爱的土琵琶》《小兵张嘎》《地道战》等，这些作品都深深地打动了人们的心，成为一代人的共同记忆。这些文艺作品不仅仅是娱乐，更是教育，它们传递了红色文化的核心价值观，激励人们为新中国的建设而努力。广播和报纸也成为红色文化传播的重要手段。全国各地的广播电台都设有红色专题节目，广播革命历史、英雄事迹和红色歌曲；而报纸上与革命和红色主题相关的报道和文章更是层出不穷，为读者提供了一个全新的认知视角。学校教育同样扮演了关键角色。从小学到大学，红色教育成为必修课程的一部分，学生们不仅在课本中学习到了红色文化的内容，更在实践中亲身体验到了它的魅力。例如，"学雷锋"活动就是一个鲜明的例子，让一代又一代的年轻人都成为红色文化的传播者。随着科技的发展，电视和电影也成了红色文化传播的新途径，许多红色题材的影视作品，如《亮剑》《突击》等，都获得了极高的收视率和票房，进一步扩大了红色文化的影响力。

四、传承创新期

随着时间的推移，特别是在 20 世纪末至 21 世纪初，红色文化逐渐面临新的挑战和机遇，新一代的年轻人在更为开放、多元的环境中成长，对红色文化的理解和认同度开始出现不同。因此，如何继续传承红色文化，同时使其在新的时代背景下焕发新的活力，变得尤为重要。传承创新期的红色文化主张尊重历史，但不拘泥于历史，在弘扬传统红色文化的基础上，加入现代元素，使其更加接地气，贴近现代人的生活。这一时期，红色文化开始与现代科技、艺术形式和媒体工具相结合。例如，许多红色题材的电影和电视剧，如《建党伟业》和《长征》，在传统的叙事方式上融入现代的特效、拍摄技巧和叙事手法，既展现了红色文化的经典魅力，又满足了现代人的审美需求。

在教育领域，传统的红色教育内容被重新设计，以更为生动、互动的方式呈现给学生。通过网络、VR 技术等，让学生亲身体验革命历程，身临其境地感受先辈的英勇与牺牲。红色旅游也是这一时期迅速兴起的一个领域，许多革命旧址被重新修缮，成为旅游圣地。游客不仅可以在那里了解革命历史，还可以参与各种互动体验，如模拟红军长征、模拟军事演练等，使得红色文化更加生动有趣。红色文化还与现代艺术和文学相结合，出现了大量的现代红色艺术品和文学作品，这些作品在传承红色文化的基础上，加入现代元素，如现代都市、现代青年等，使红色文化在新的文化背景下得到了创新和发展。红色文化的创新不仅仅是在形式上，更在内容上进行深入挖掘和重构，它不再单一地强调英雄主义和革命精神，而是更多地关注人与人之间的情感、普通人在特定历史背景下的生活和选择，这使得红色文化更加丰富多彩，更能引起广大群众的共鸣。

第二节　红色文化的内涵与基本特征

在中国的历史长河中，红色文化犹如一颗璀璨的星辰，为中华大地带来了光明和希望。它不仅记录了中国人民和中国共产党为追求独立、自由和幸福所付出的努力，还展现了中华民族的勇气、智慧和坚韧不拔的决心。红色文化作为一种特殊的文化现象，既包含了丰富的历史和社会内涵，也反映了一种深刻的思想和价值观；它既是中国革命的产物，也是中国革命的推动力；既是中国共产党的灵魂，也是广大人民的精神支柱。

一、红色文化的内涵解读

红色文化的内涵是丰富和多样的，它不仅仅是一种政治文化，更是一种全民族的文化，它代表了中国人民在近现代历史中，为实现民族独立和人民幸福所进行的艰苦斗争和取得的辉煌成就。从国际视野来看，红色文化是建立在国家间共产党领导下的无产阶级革命的基础上的，它是指无产阶级在世界上的社会主义运动过程中所产生的对人类解放和发展的影响。[①]这种文化已经深深地烙印在每一个中国人的心中，成为中华民族共同的精神遗产。红色文化的内涵主要包括以下六个方面。

（一）革命的信仰与理想

红色文化是中国共产党领导中国人民在进行艰苦卓绝的革命斗争，努力实现国家独立、民族复兴、人民幸福的历史进程中，创造并保存下来的一种物质与精神形态共存的特殊宝贵资源。[②]红色文化最核心的部分莫过于坚定不移的共产主义信仰与为人民利益而斗争的理想，这种深深的信仰，犹如指南针，为中国革命提供了清晰而坚定的方向，它是中国共产党能够在最困难的时刻坚持奋斗下去的原因，也是使得党始终与人民形成深厚纽带的关键所在。在中国的历史长河中，曾经有无数的时

---

① 沈成飞、连文妹：《论红色文化的内涵、特征及其当代价值》，《教学与研究》2018 年第 1 期。
② 黄咸书、龚雪娇：《浅析新时代高校思想政治教育研究》，《职业教育（中旬刊）》2022 年第 4 期。

刻是充满绝望和黑暗的，但是，正是因为有了这种信仰和理想，中国共产党与广大的人民群众始终相信，未来是可以改变的，革命的胜利是必然的。这种信仰和理想，赋予了他们前进的勇气和力量。

在红色文化中，这种信仰并不仅仅是一种抽象的思想或是口号，它是通过无数个鲜活的事例、英雄人物、感人的故事被传承和深化的。每一个为了革命事业牺牲的英雄，每一次成功的或是失败的抗争，都是信仰与理想在实践中的体现。它们告诉人们，信仰和理想并非遥不可及，而是可以通过每一个人的实际行动来实现的，正是由于有了这种信仰和理想，中国共产党能够始终坚持独立自主，不受外界的干涉和制约，能够根据中国的实际情况，灵活地调整策略和方针，确保革命始终走在正确的道路上。这种独立和灵活，正是红色文化中信仰与理想的体现。

（二）英雄主义精神

历史长河中，中国革命的每一个关键时刻都有英雄人物挺身而出，他们用自己的坚毅和勇气，甚至用生命为革命的事业书写了辉煌的篇章。红色文化中的英雄，不仅仅是那些名垂青史的将领或是杰出的领导者，更多的是那些默默无闻、为了革命事业付出一切的普通战士和人民，他们可能并没有惊天动地的壮举，但他们的每一次选择、每一个决定、每一次付出，都为革命的火种增添了燃料，为胜利铺设了道路。这种英雄主义精神，更是在数不尽的故事和歌曲中被传承和弘扬。从长征中的千里跃进、百里冲刺，到抗日战争中的敌后游击，再到解放战争的山河破碎、风雨如晦，每一个故事、每一个情节，都是英雄主义精神的具体体现。

但英雄主义精神绝不是盲目的、鲁莽的。在红色文化中，英雄主义精神与对革命目标的坚定信念相结合，形成了一种既有勇气、又有智慧的英雄主义。这种英雄主义，强调的是理性与勇气的结合，是为了革命的最终胜利，而不是一时的荣耀或是名利。红色文化中的英雄主义精神，不仅是中国革命胜利的关键因素，更是中华民族的宝贵精神财富，它鼓励人们在困难面前不退缩，敢于挑战、敢于创新，为理想而奋斗。同时，这种精神也为后来中国的发展提供了强大的动力和源泉，使得中国能够在短短几十年间，从一个贫穷落后的国家，发展成为世界的经济大国。

（三）集体主义与团结合作

红色文化中的集体主义与团结合作的思想始终如一根红线，穿越整个革命史册，为中国共产党及广大人民在革命斗争中提供了强大的凝聚力。集体主义的价值观念基于一个简单而又深刻的事实：团结就是力量。在抵御外敌和进行国内改革的双重任务面前，个人的力量显得非常有限，但当所有人团结一致，共同为了一个目标努力时，那种力量则是不可抵挡的，这种力量源自对共同理想的追求、对国家的热爱，以及对人民的深厚感情。

红色文化中的集体主义并不意味着压制个体，而是鼓励个体为集体付出，为更大的共同目标服务。在无数的历史事件中，无论是战场上英勇捐躯的烈士，还是后方默默付出的工人、农民，他们的每一个行动，都体现了这种深刻的集体主义精神。团结合作的思想强调的是多样性中的统一。在面对复杂的国际和国内环境时，中国共产党领导下的人民，始终能够摒弃小我，坚持大我，携手并肩，共同努力，这种合作并不仅仅是战略上的合作，更多的是一种深深的互信和互助。在革命的道路上，这种团结合作的精神，多次帮助中国人民克服了重重困难，取得了伟大的胜利。

集体主义与团结合作也为中国的社会主义建设打下了坚实基础。在社会主义初期的建设中，面对巨大的困难和压力，正是这种集体主义和团结合作的精神，帮助中国人民完成了伟大的社会主义建设任务。

可以说，红色文化中的集体主义与团结合作，不仅是中国革命胜利的关键因素，也是新中国建设中取得伟大成就的核心所在。在新时代，这种精神同样具有不可替代的重要价值，为中华民族伟大复兴提供了强大的动力和支撑。

（四）创新与进取精神

红色文化中的创新与进取精神，不仅为中国革命和建设提供了强大的动力，也为中华民族在新的历史时期面对新的挑战、继续前进指明了方向。

中国革命历程中的许多关键时刻，正是依赖这种创新与进取精神，得以解决前所未有的问题，突破重重包围，达到新的高度。红军的长征是这种精神的典型体现。面对数倍于己的敌军，红军不仅在战略上采取了巧妙的转移战术，而且在具体操作中，也展现出高度的机动性和应变能力。这背后的驱动力，正是对革命目标的坚定信念，以及对创新与进取的高度重视。在土地改革、农业合作化等重大政策的实施过程中，也充分体现了中国共产党及广大人民的创新思维。他们没有机械地照搬其他国家的经验，而是根据中国的具体国情，进行了大胆的尝试和探索，最终找到了一条符合中国实际的成功之路。

红色文化中的创新与进取精神，还体现在艺术、文学和教育等领域。在战争年代，面对物资匮乏和环境恶劣的情况，革命文艺工作者们依然坚持创作，推出了一系列鼓舞人心的作品，如《十送红军》《南泥湾》等，这些作品不仅提高了人民的战斗士气，也为后来的社会主义文艺建设积累了宝贵经验。

（五）人民至上的价值观

人民至上的价值观是红色文化的魂魄，它是中国革命和建设的坚实基石，也是中华民族永续发展的永恒动力。

从红色文化的初创时期开始，这种"人民至上"的价值观就已经深深植入党的血脉之中。可以说，中国共产党的成立和存在的最大意义，就是为了人民的根本利益，这是区别于其他政治力量的最明显的标志，也是它能够在千难万险中生存并发展壮大的关键。在中国近现代历史中，无论是抗击外敌还是进行社会改革，都可以看到这一价值观的鲜明体现。为了人民的解放，中国共产党领导的红军历经万水千山，血战沙场；为了人民的幸福，党和人民共同努力，推进一系列的社会改革，尤其是土地改革、扶贫攻坚等工作，都深刻地反映了这一核心价值观的指导作用。而在现代中国的发展中，这一价值观仍然是指引国家前进的灯塔。面对全球化的机遇与挑战，中国始终坚持以人民为中心的发展思想，不断优化治理结构，保障公民的基本权益，实现人的全面发展，每一项政策的制定和每一次重大决策的确定，都体现了对人民利益的高度重视。

人民至上的价值观，也意味着对民众的深厚情感和无尽责任。在每一次自然灾害、公共卫生事件中，都可以看到党和国家迅速、有力、有序的应对，背后正是这一价值观的驱使。

（六）自强不息的奋斗精神

红色文化中所蕴含的自强不息的奋斗精神是中华民族几千年文化传承的显著特点，同时也是红色文化的独特品质。这种精神代表了一种面对困境不断挑战、勇于担当的态度，它既是对过去历史的总结，也是对未来发展的期许。红色文化起源于中国共产党的革命斗争时期，在那段艰苦岁月中，中国共产党和广大人民群众面对内外夹击的困境，但他们却依然坚韧不拔，百折不挠，具有一种坚持到底、敢于与强敌斗争到底的坚定信念和勇气。正是这种自强不息的奋斗精神，使得中国革命能够一次又一次地战胜强大的敌人，最终取得胜利。

这种精神的体现不仅仅局限于革命斗争，在新中国成立后的建设过程中，无论是面对自然灾害、经济困境，还是外部压力，中国人民都展现出了同样的坚持和毅力。例如，在改革开放的伊始，中国面对巨大的经济和社会压力，但国家和人民通过不懈努力，成功实现了经济的快速增长和社会的稳定。这种自强不息的奋斗精神更是在 21 世纪的今天，得到了新的诠释和发扬。面对全球化带来的机遇和挑战，中国在多个领域都展现出了领先的创新能力和决策智慧，无论是经济、科技、文化，还是外交、军事，中国都在追求卓越，努力在国际舞台上发挥更大的作用。但更为重要的是，自强不息的奋斗精神不仅仅是一个宏大的国家理念，它更是根植于每一个中国人心中的信仰。从农田到城市，从学校到企业，从科研到艺术，每一个中国人都在为自己的梦想和目标不懈努力，展现出了中华民族的卓越品质。

二、红色文化的基本特征

红色文化是中国共产党人挽救民族的危亡，把灾难深重的国家引向独立自由而不断探索和实践的结晶。[①]它具有以下三个基本特征。

（一）阶级性与革命性

红色文化是在特定的历史背景和社会环境中诞生的，其独特性根植于它的阶级性和革命性。

---

① 王玉成：《旅游文化概论》，中国旅游出版社 2005 年版，第 308 页。

红色文化的阶级性来源于中国共产党的阶级基础和阶级立场。从成立之初，中国共产党就明确提出代表无产阶级和广大劳动人民的利益，坚决反对封建势力、买办资本和帝国主义的压迫。这种坚定的阶级立场，使得红色文化始终与工人、农民、知识分子等广大劳动人民的实际利益紧密相连。

红色文化的革命性则表现为坚定的革命意志和对革命目标的不懈追求。中国共产党领导的中国革命，是一个反帝反封建的革命，它的目标是建立一个新民主主义的、独立自主的新中国，为了实现这一伟大目标，中国共产党和广大人民群众进行了长达几十年的艰苦斗争。在这个过程中，红色文化成为鼓舞人心、凝聚力量、指导斗争的重要武器，无论是抗日战争、二万五千里长征，还是解放战争，红色文化都发挥了不可或缺的作用。它以鲜明的阶级性和革命性，教育和引导广大人民群众坚定信念，战胜一切困难，取得革命的胜利。

（二）民族性与大众性

红色文化在深厚的历史脉络中，充分展现了其独特的民族性与大众性，这两个特点是红色文化得以深入人心、广泛传播的关键因素。

民族性是指红色文化深深植根于中华民族的传统文化中，与中华民族的历史、传统和文化有着紧密的联系。红色文化虽然起源于无产阶级的革命斗争，但它并没有完全摒弃传统文化，而是在继承中华民族优秀文化传统的基础上，进行了创新和发展，这使得红色文化在推广过程中，能够得到广大人民群众的理解和接受。红色文化既有现代性，又不失民族性，这种双重特点使其在中国文化的长河中占据了不可替代的位置。

大众性则体现在红色文化始终与广大劳动人民的生活实践紧密相

连。红色文化不是高高在上的、脱离实际的理论体系，而是源于人民、反映人民、服务于人民的文化。红色文化的内容、形式和传播方式，都充分考虑到了广大人民群众的需要和特点，它用浅显易懂的语言，描述了人们熟悉的生活场景，传达了与人民群众息息相关的思想和情感，这使得红色文化不是被少数人所独占，而是成为全民共有、共享的文化遗产。

（三）先进性与时代性

红色文化的独特魅力并非仅仅建立在其历史的深厚之上，而是在于其鲜明的先进性与时代性，这两个特征决定了红色文化不仅是回顾和纪念，而且是一种指导现在和未来的力量。

先进性是红色文化的核心属性。从诞生之日起，红色文化就承载了推翻旧的、腐朽的、压迫的社会制度，建立新的、公正的、民主的社会制度的革命理念，这种理念体现了人类对于自由、平等、公正的普遍追求，代表了社会进步的方向。红色文化鼓励人们挑战旧的观念和制度，追求真理和正义，敢于为了美好的未来进行斗争，这种先进性使红色文化在各个时代都具有强烈的吸引力和感召力。

时代性则表明红色文化并非僵化的、停滞不前的。尽管红色文化起源于特定的历史时期，有着特殊的社会背景，但其始终与时代的发展保持同步，不断进行自我更新和创新。每一个历史时期，红色文化都能够找到与之相应的表达方式和内容，回应时代的挑战和需求，它不仅仅是过去的回忆，而是现在的生动实践和未来的方向指引。

第三节　红色文化的生成机制

红色文化的生成机制是多种因素综合作用的结果，它既有深厚的历史文化根基，也有鲜明的时代特色。探究红色文化的生成机制，对于厘清红色文化的发展脉络，进一步发挥红色文化在社会主义精神文明建设中的实践价值，是当今中国非常迫切的现实课题。[①]这种独特的生成机制对于繁荣发展社会主义文化、推进中华民族伟大复兴具有不可替代的历史价值和现实意义。下面详细分析红色文化的生成机制。

一、厚重的历史积淀

红色文化源于中国人民长期反抗压迫、追求自由和幸福的斗争。从第一次国内革命战争到抗日战争，再到解放战争，中国共产党领导人民经历了无数的磨难，这一切都为红色文化提供了丰富的素材和深沉的情感基础。

在早期的中国封建社会，虽然存在许多不平等、压迫的现象，但人们对于正义、为民请命的观念始终没有消失。历史上的许多反抗暴政、拯救百姓的英雄事迹，为红色文化的诞生埋下了伏笔，这种文化背景为中国共产党的崛起提供了广阔的社会土壤。到了近代，西方列强的入侵使得中国面临前所未有的危机，这个时期，中国的许多爱国志士都致力于寻找救国之道，尝试各种方式来振兴中华。在这样的大背景下，中国共产党应运而生，承载了人民群众的厚望，开始了充满困难与挑战的革命征程。红军长征的途中，虽然面临种种困境，但他们仍然展现出了坚

---

① 夏欢：《红色文化生成机制探究》，《佳木斯大学社会科学学报》2015 年 6 期。

定的信念和不屈的斗志，这种信念和斗志，正是源自对中华民族伟大复兴的坚定信仰和对共产主义理想的追求。而这些，都深深植根于中华民族的文化土壤。抗日战争时期，面对强大的外敌，中国共产党领导下的八路军、新四军与广大人民群众并肩作战，开始了声势浩大的反击，其中所展现的英勇、智慧和坚持，都是红色文化的有机组成部分，也是中华民族在历史长河中不断积累的精神财富的体现。解放战争期间，面对国民党的强大军力，中国共产党依然坚持下来，最终取得了胜利，这背后的力量，正是那种深厚的历史积淀所赋予的，这种力量不仅仅来自党的正确领导和广大党员、战士的英勇斗争，更来自深深植根于中华大地的文化基因。

二、理论与实践的交融

红色文化是在长期的革命斗争实践中孕育形成的，也是在革命实践中、在与人民群众的交往中逐渐发展起来的，是马克思实践的运用的发展。① 红色文化的形成得益于马克思列宁主义、毛泽东思想与中国的革命和建设实践的深度结合，这种结合不仅仅是在理论上，更多的是在实践中不断地试验、摸索、总结和提炼。

中国共产党自成立之初，就深知理论的指导地位和实践的检验地位，二者之间形成的紧密结合，是红色文化深厚内涵的重要来源。马克思主义作为红色文化的理论基石，为中国革命提供了科学的指导，但是，单纯的理论学说如果不能与中国的实际情况结合，是无法取得革命成功的。中国共产党在革命初期，就深知这一点。因此，党的早期领导人，如陈独秀、李大钊等，都强调要将马克思主义的普遍原理与中国的具体实际相结合。在经历了一系列的革命实践后，中国共产党逐渐形成

---

① 夏欢:《红色文化生成机制探究》,《佳木斯大学社会科学学报》2015 年 6 期。

了适应中国国情的革命策略。南昌起义、秋收起义、长征、抗日战争、解放战争等一系列的战斗，都是党的理论与实践相结合的具体体现。在这些战斗中，党总结了大量的经验，逐渐形成了毛泽东思想，为中国革命的胜利提供了有力的理论指导。此外，红色文化中的许多具体内容，如"为人民服务""群众路线""持续战斗"等，都是理论与实践交融的产物，这些内容不仅仅是空洞的口号，更是经过实践检验的真理。在每一次的革命实践中，党都会将理论与实际相结合，不断调整策略，确保革命的胜利。

红色文化理论与实践的交融使其不仅仅具有高度的理论性，更具有鲜明的实践性。这种理论与实践的双重属性，使红色文化在中国革命和建设中，始终发挥着重要的作用，为党和人民提供了坚实的精神支撑。

三、群众性基础

红色文化并非孤立于群众之外的精英文化，它根植广大人民群众的心中，得到了群众的广泛认同与支持。这种深厚的群众性基础是红色文化得以产生、传承和发展的关键因素。

中国共产党从成立之初就把群众视为革命的主体和力量源泉。毛泽东曾经指出："群众是真正的英雄，而我们自己则往往是幼稚可笑的，不了解这一点，就不能得到起码的知识。"①这一思想贯穿于党的整个历史，成为红色文化中的核心观念之一。红色文化中的许多内容，如"群众路线""三大纪律八项注意"等，都体现了党对群众的高度重视和深厚情感，这些原则和方针不仅指导了党的工作，也为广大群众所接受，成为他们的行为准则。

在长期的革命斗争中，党始终坚持群众路线，紧密依靠群众开展各

---

① 毛泽东:《毛泽东选集》(第3卷)，人民出版社1991年版，第790页。

种群众运动，发动广大人民参与到革命斗争中来。农村包围城市、工人运动、土地改革、军民结合等一系列策略和活动，都是党与群众紧密结合、共同战斗的具体体现。红色文化中的众多英雄人物和英雄事迹，如烈士、红军战士、地下工作者等，都是在与群众紧密结合的过程中产生的，他们不仅是党的代表，也是群众的代表，体现了党与群众的共同意志和共同利益。红色文化也受到了丰富多彩的传统文化的深刻影响，许多红色歌曲、故事、戏剧等，都融入中国传统的艺术形式和审美观念，成为红色文化的独特风格和魅力。

四、教育与宣传的推动

红色文化的广泛传播与深入人心在很大程度上归功于持续不断的教育与宣传工作。教育与宣传被视为传递红色文化、加深对其理解和认同的重要途径，它们在红色文化的生成、传播和继承中起到了不可替代的作用。

（一）整体性的战略规划

红色文化作为一种具有鲜明特色和深刻内涵的文化形态，得以在广大人民群众中深入人心，背后有着一套系统的战略规划。中国共产党从其诞生之初就明确了文化建设的重要性，不断地强化和完善对红色文化的推广工作。在各个历史时期，无论面临何种外部环境和内部挑战，党都始终坚持把红色文化的建设与传播置于工作的核心位置。

在不同的历史时期，党的中央领导层都能够根据时代的需要，及时地调整和完善红色文化的宣传与教育策略，确保其内容既能够传承历史，又能与时俱进。通过这种整体性的战略规划，红色文化不仅在历史上为中国革命和建设提供了强大的思想武器，而且在现代仍然发挥着积极的作用，成为中华民族的精神支柱。

（二）多样化的传播手段

红色文化的传播从未局限于单一的方式或手段，随着技术的进步和社会的发展，红色文化的传播手段也在不断地丰富和更新。在早期的革命历程中，红色歌曲、口头宣传和小报是主要的宣传方式，这些传统的方式简单直接，易于被群众接受，为红色文化的初步建设和传播奠定了坚实的基础。进入现代社会，尤其是在信息技术高度发达的今天，红色文化的传播手段变得更加多样化，电视、电影、网络媒体等现代传媒工具为红色文化的传播提供了更广阔的平台。通过各种媒体，红色文化的内容得以更加广泛、深入的传播，吸引了更多的人。

这种多样化的传播手段不仅保证了红色文化的内容可以迅速、准确地传达给人们，而且还增强了红色文化的吸引力，使其在竞争激烈的文化市场中始终保持着旺盛的生命力。

（三）生动形象的表现手法

红色文化在其传播过程中并不仅仅依赖文字或言辞，更多的是通过一系列生动形象的表现手法来触动人心。这些手法，无论是故事、影视作品、歌曲还是其他艺术表现，都能够更加直观地将红色文化的核心理念和价值观展现给大众。例如，中国革命历程中的英雄人物和他们的英勇事迹，往往被艺术家们巧妙地转化为深入人心的故事和作品，如电影《地道战》《红色娘子军》等，这些作品不仅为人们展现了革命的艰辛与伟大，而且也激发了人们的民族自豪感和革命情怀。此外，红色文化中的诸多元素，如红星、红旗、红军等，都成为富有象征意义的文化符号，这些符号在各种文化作品中得以重复出现，形成了一种深入人心的文化认同。

（四）持续不断地更新与创新

红色文化并不是一成不变的，随着时代的变迁和社会的进步，它也在持续地更新和创新。党和政府始终鼓励艺术家、学者和创作者对红色文化进行创新性的探索和表现，以满足现代社会和人民群众的新需求。为了使红色文化与时代同步，党的宣传部门会根据社会发展的新特点和新趋势，对红色文化进行有针对性的修订和推广。例如，为了适应数字化时代的需求，党的宣传机构积极推动红色文化数字化项目，如建设红色文化数字博物馆、开展线上红色教育等。红色文化也不断地与其他文化形态进行交流和融合，取其精华，去其糟粕，使其始终保持活力和魅力。这种不断更新与创新，确保了红色文化始终能够与时代同步，为人民群众提供持续的精神支撑。

（五）深入基层的宣传活动

红色文化的广泛影响与普及离不开其在基层的深入宣传。基层，特指乡村、工厂、学校等广大群众集聚的地方，是红色文化深入人心的重要阵地。在这些地方，红色文化的价值观和理念得到了广大群众的直接体验和认同。

为了使红色文化真正成为每个人生活中的实际内容，党的宣传部门在基层开展了大量的文化宣传活动，这些活动通常采用接地气、贴近生活的方式，与群众建立紧密的联系。例如，乡村中的红色故事会、红色歌唱比赛，工厂中的红色文化课堂，学校中的红色教育活动等，都是为了使红色文化的核心理念与群众生活紧密结合。这些活动不仅为群众提供了丰富的精神食粮，而且也使红色文化的传统得以继承和发扬。基层宣传活动还为广大群众提供了参与红色文化创作和传承的机会。许多红色故事、歌曲和艺术作品都源自群众的真实经历和创作，它们真实地反映了群众对红色文化的理解和认同。通过基层宣传活动，红色文化得以在全社会形成广泛的共识，成为连接各族群众的共同精神纽带。这种深入基层、贴近生活的宣传方式，使红色文化始终与广大群众保持紧密的联系，成为人民群众心中不可或缺的精神支柱。

五、组织与制度的保障

组织与制度是红色文化传承、发展和推广的基石，为其深入人心和在各个历史时期都能得到继续发展提供了坚实的保障。组织力量和制度框架在红色文化的生成机制中扮演着不可或缺的角色。

（一）组织的领导与指导

中国共产党自成立之初就深知一个坚实、有序的组织体系对红色文化的重要性，这种组织体系在红色文化的传承与发展中起到了决定性的作用。各级党组织，不仅是红色文化宣传与教育的中坚力量，更是红色文化研究、创新与扩散的中心。例如，党的研究机构会定期对红色文化进行研究，分析其在新时代的意义，进而为红色文化的传播提供理论支持和策略指导。此外，通过各种活动和项目，党组织也助力红色文化与时俱进，与人民日常生活更加紧密地结合。

（二）制度的确立与完善

红色文化的传承并不是一个偶然的过程，而是需要有明确的制度安排和规划。中国共产党对此有着清醒的认识，并早早地制定了一系列与红色文化相关的政策和规定。这些制度既确保了红色文化在各个领域、各个层级得以稳定传播，也防止了可能的偏离与误导。例如，关于红色文化教材的编写、红色文化活动的组织以及红色文化研究项目的资助等，都有明确的制度规定。这些规定确保红色文化能够在稳定的环境中持续发展，同时，也确保红色文化的内容不会因为时间的流逝而被遗忘或误解。

在这样的组织与制度的保障下，红色文化得以在各个历史时期都保持其核心理念，成为连接数代人、指引国家前行的重要精神力量。

（三）红色资源的保护与利用

红色资源如历史遗址、文物和资料，是红色文化传承的实物载体，它们不仅见证了革命历史，更为红色文化的学习和研究提供了宝贵的素材。红色资源是不可再生的宝贵财富，只有通过合理的开发利用，才能让红色资源发挥出应有的经济、文化、社会效益。[①] 随着时间的推移，这些资源面临各种风险，如自然侵蚀、人为破坏等。因此，保护这些资源显得尤为重要。对这些资源的保护已上升到国家层面，大量的革命遗址被列为国家级文物保护单位，得到了专门的管理和维护。此外，还有许多志愿者和非政府组织参与到红色资源的保护工作中，他们通过各种方式，如修复、宣传和展览，使这些资源得到更好的利用。这种保护不仅让更多的人了解和接触到了红色文化，也使红色资源得以长久保存，为未来的研究和教育提供了基础。

（四）持续的培训与教育

红色文化不仅仅是历史，更是一种精神，需要得到持续的传承。为了确保每一代人都能深刻理解红色文化，持续的培训与教育显得尤为重要。

---

① 洪雁：《湘鄂西民族地区红色教育资源开发利用现状与思考》，《湖北民族学院学报（哲学社会科学版）》2010 年 3 期。

各级党组织定期开展红色文化教育活动，如讲座、研讨会和实地考察，这些活动不仅提供了红色文化的基础知识，更重要的是，它们激发了人们对红色文化的兴趣和热情，使红色文化在人们心中生根发芽。为了培养更多红色文化研究和传播的专家，许多高等教育机构设立了红色文化相关的专业和研究中心，这些机构为红色文化的研究提供了平台，为红色文化的传播培养了人才。这种持续的培训与教育，能够确保红色文化在每一个时代都有人传承，保持其永恒的生命力。

（五）对外交流与合作

在红色文化的推广与传承中，对外交流与合作扮演了一个不可忽视的角色。红色文化虽然源自中国，但其中所蕴含的抗争精神、坚韧不拔的品质以及对公正和自由的追求，都具有普遍性的价值观，能够跨越文化和国界。

1. 广阔的影响范围

红色文化作为中国革命和抗争的重要象征，已经逐步成为国际舞台上的一张亮丽名片。在国际文化节、艺术展览中，红色文化的元素往往成为焦点，吸引着众多人的目光。例如，红色歌曲、革命电影和文学作品在国际艺术节中频频获奖，引发外国人民对中国革命历史的兴趣与探索。同时，这些活动也为中国艺术家、学者和文化工作者提供了与国际同行交流、展示才华的平台，进一步提升了红色文化的价值和影响力。

2. 吸取外部经验

与其他国家的交流使中国能够了解到不同的文化保护和传承方式。例如，一些国家可能会采取数字化手段保存历史资料，而有的则注重实地保护和修复，这些方法都为红色文化的保护与传播提供了新的思路。

同时，国际研讨会和交流活动也为学者提供了一个分享研究成果、交流学术观点的平台，有助于红色文化研究的深化和发展。

3. 深化文化交流与理解

红色文化的传播，不仅是向外界展示中国革命的伟大历程，更是一个促进国际文化理解与交流的手段。当外国人了解红色文化背后所代表的抗争精神和坚韧品质时，他们也更容易理解和尊重中国人民在历史上所做的努力与牺牲，这种深度的文化交流，有助于消除文化偏见，促进国际的和平与友好。

第四节　红色文化的新时代价值

在文化强国背景下，红色文化展现出了鲜明且重要的价值，与新时代的价值取向和社会发展产生了深刻的互动。红色文化的新时代价值表现在以下五个方面。

一、红色文化是从严治党的关键文化基石

红色文化在整体的红色文化价值体系中占据核心位置，它反映了中国共产党的精神基础和思想体系。这种文化展现了中国共产党人谋求民族复兴和人民福祉的初心和使命，是中国共产党党员团结一致、共同追求民族复兴的思想依据。

第一，红色文化是巩固党的政权合法性的极为关键的资源。政权的存续和进展须依靠深厚的合法性资源，主导的意识形态对政权的维护和拓展具有至关重要的影响。红色文化反映了中国共产党的理念、价值观和精神特质，在党引领人民创建现代化国家的历程中塑造形成，它在构建中国共产党政权的历史必然性和合法性方面发挥了至关重要的作用。

第二，红色文化是提升党的执政能力的理论支持。执政能力建设是党在执政之后的基本建设工作，强化执政能力建设是党始终面对的一个核心任务。红色文化中蕴藏的党执政的经验和教训，都来自党在治理国家中的积极尝试和探讨，这对于目前阶段加强党的执政能力建设具有极大的历史教训和借鉴价值。

第三，红色文化是维护党的正面执政形象的必须。执政形象关乎社会公众对执政党执政理念、行为等的看法和评估。在革命时期，红色基因激发共产党人不畏艰难、勇往直前，在新的时代，它同样是维护党的正面形象和保持党的红色品质的关键保障。

第四，红色文化是执行党风廉政建设的关键文化源泉。中国共产党是一个拥有严格组织和铁一般纪律的马克思主义政党，红色文化所凝结的清廉政务思想的核心即忠诚与公正。在各个时期，中国共产党坚守廉政理念，强化反腐倡廉建设，不断提升党的建设的科学化水平。

第五，红色文化是全面从严治党的重要法宝。红色文化作为一种进步的革命文化，汇聚了丰富的精神含义，其坚定的理想信念、高尚的道德品质、崇高的爱国主义情感、强烈的社会责任感等，能够激发一代又一代的人，并为全面从严治党、加强党的自身建设创造文化环境，提供精神支柱。

整个党的构架须将全面从严治党视作新的常态，有效运用红色文化去引导、教育、激发和鼓舞人，使党员干部在净化环境、支持正义和消除邪恶的过程中不断调整人生方向，重新塑造党员干部的世界观、人生观、价值观、荣辱观，提升他们的人格修养，巩固他们的思想道德防线，使他们用正能量装备自身。

二、红色文化是市场经济发展和脱贫攻坚的主推力量

人类社会是由特定历史阶段的经济、政治和文化相互作用而产生的有机整体。经济构成了社会进步的根本和决定性元素，政治结构立足特定的经济体系之上，并为经济增长提供法律和制度上的保障，文化在一定程度上反映了一个社会的经济和政治状态。虽然文化源于特定的社会经济结构，但它也对经济社会展现出了一定的反馈作用和相对的独立性。红色文化主要集中在精神生产的领域，它本质上不直接产生物质价值，它对经济社会的推进主要体现在指导社会经济发展的方向、创设经济发展的环境和激发经济发展的活力等方面。

（一）指导社会经济发展的方向

中国的经济体制改革方向致力于维护社会主义市场经济的定位。作为中国的主导思想，红色文化包含的爱国情感和奋斗意志成为中国人民反抗侵略、维护国家独立的精神支柱。红色文化能够有力地推进党的政策方针的实施，减少在建设中国特色社会主义市场经济过程中可能遇到的阻碍。此外，红色文化在价值观和经济活动上起着规范和导向的作用，在思想上领航社会主义市场经济，并能够确保市场经济按照社会主义的方向发展，让市场经济与我国的基础经济体制和政治体制紧密衔接，按照正确的路径有序发展。

（二）创设经济发展的环境

社会主义市场经济的发展需要一个健康的经济发展背景。虽然市场经济激发了个人追求自由和利益最大化的动力，释放了个体的潜力并帮助人们实现生活愿望，但也孕育了一些消极的社会思潮，如拜金主义和享

乐主义。红色文化推广了正面的价值观念，一方面，激发了人们克服困难的信心和勇气；另一方面，通过普及红色文化教育和用马克思主义理论来武装人们的思想，帮助人们塑造正确的信仰和价值观，引导人们形成健康的生活态度和行为模式，从而在一定程度上防止经济建设的误差。

（三）激发经济发展的活力

红色文化作为一种独特的文化资源，包含了丰富的历史价值和深刻的社会意义，它通过多个层面注入了新的活力和动力于经济发展之中，进而推动了社会整体的经济增长和文化繁荣。

首先，在发掘红色文化经济价值的过程中，可以将其与旅游产业相结合，形成一系列的红色旅游产品。这不仅能够激活那些富含红色文化资源的地区，推动地方经济的发展，也能够丰富民众的精神文化生活，满足现代社会人们对精神层面的多元需求。红色旅游的发展，不仅可以带动酒店、餐饮、交通等相关产业的升级和扩张，还能通过多种形式的文化创意产品及服务推广，拉动文创产业链的拓展。

其次，红色文化也能够与现代科技、创新创业相结合，为新的产业提供独特的文化支撑和精神内核。例如，在新的科技产业园区中设立红色文化展示和体验区，推出与红色文化主题相关的创新竞赛，吸引并培养一批具有社会责任感和创新精神的青年创业者和科研团队。同时，红色文化可以融入现代科技产品设计和企业文化中，形成独特的品牌内涵和市场竞争力。

最后，在红色文化产业化的进程中，通过深度挖掘其文化价值，并将之转化为一系列文化产品和服务，能够将红色文化的精神内涵和价值观普及更广阔的群众之中，激发社会主体的积极性和创造性。例如，出版红色文化主题的图书，创作红色文化主题的影视作品、音乐剧，开设红色文化主题的展览等，或者将红色文化融入网络科技，通过线上平台进行传播和推广，形成新的文化消费热点。

三、红色文化是中国特色社会主义文化自信的思想引擎

文化乃国家和民族的魂魄，红色文化在团结群众、唤起民族斗志、导向社会价值和净化庸俗文化方面展现了显著的功能与作用。

第一，红色文化是巩固文化自信的思想装备。红色文化，这一在争取与稳固政权的革命时代孕育的先进文化，其文化核心寄托在革命精神和斗争精神之上。红色文化鞭策着中国民众发挥出卓越的斗争精神，以变革落后局面，塑造了众多如"两弹一星"精神等的文化象征。毛泽东、邓小平等领导人均强调过中华民族在对抗敌手时所展现的毅力和自信。红色文化是中国共产党的精神寄托，是中华文化的自豪之源，也是支撑中国人民文化自信的重要力量。在革命战争时期，红色文化作为带领中国民众流血牺牲、战胜重重困难的精神动力，在社会主义建设时期，其巨大的精神魅力已转化为中国人民实现民族复兴伟业的动力。

第二，红色文化为稳固"两个巩固"的基本任务提供精神支持。改革开放之后，社会的精神领域活跃度空前提高，新的生活方式、多元化的利益和思想成为显著特征。随着西方思想的入侵，它们开始对民众的思想观念产生影响，在市场经济激励下，尽管人们通过奋斗可以实现利益的最大化，但也有一些人开始崇拜金钱，失去了道德准则。消费主义、个人主义和其他不良倾向开始蔓延，共产主义理想信仰由于受到冲击而变得淡薄，为中国特色社会主义事业奋斗的精神在某种程度上也受到削弱。这些不正之风严重干扰了社会主义的意识形态，也为社会主义核心价值观的实践带来困难。在这一背景下，红色文化融入当代中国文化建设、民族教育和日常生活中，将有助于激发民族自豪和爱国情感，

增强精神稳定性，并坚决抵制不良思潮的侵袭。红色文化作为国家文化软实力的核心要素，奠定了中国主流意识形态的坚实基础。

第三，中国共产党在探求民族独立和人民解放过程中形成的红色文化，具有显著的道德感召力和行动召唤力，能够激发人们的爱国激情和投身社会主义建设的积极性。红色文化不仅应在国内进行宣扬和传播，还应在全球范围内得以推广。红色文化在国际交往中应既展示中华民族特色，也应符合世界视野，通过国际交流使世界更深入地理解中国的思想和文化，从而有效提升红色文化的国际影响力。

第四，红色文化是实现中华民族伟大复兴的价值导向。只有经历过辉煌和苦难的民族，才能理解中华民族伟大复兴的意义并对其有深刻的期盼。自鸦片战争以来，中国遭受了西方列强的侵略，被逼迫走上近代化之路，在长达一个世纪的时间里，中国经历了从封建王朝到共和制的政治变迁，社会由此产生了巨大的矛盾和冲突。中华民族经历了百年的屈辱，国人对于民族伟大复兴的渴望深深扎根于心，在历史的洗礼中，中华民族未曾被摧毁，而是凝聚了更为强大的民族凝聚力。红色文化传达了这一重要信息：只有通过持续的努力和不懈的奋斗，中华民族才能实现伟大复兴。

红色文化在新时代展现的价值与意义早已超越了它在革命年代的历史位置，其已成为中国特色社会主义事业发展的精神灵魂。在中国共产党百年华诞的重要时刻，人们更须回顾和弘扬红色文化的伟大意义，以其为导向，以其为精神支柱，推动中国特色社会主义事业不断前进。

四、红色文化是解决思想迷茫和增强育人效果的有力武器

思想政治教育指的是利用一定的思想观念、政治观点以及道德规范对社会成员施加有目的、有组织、有计划的教育影响，以促进社会成员

形成、符合社会一定标准要求的思想道德品质，从而发展外化为推动社会发展的正向自觉行动的社会实践活动。①红色文化作为中国共产党领导下人民展开卓绝斗争的见证，蕴含了中国共产党人的理念、价值追求和行为规范，它是进行思想政治教育的重要材料和高效渠道。

第一，利用红色文化进行思想政治教育，能够深刻地让人们理解到中国特色社会主义反映了中国绝大多数人民的希望、利益和需求，通过文化的引导，让人们能够明辨是非、提升政治辨识能力，树立正确的政治立场，并坚定政治忠诚。政治教育确保了思想、道德教育的方向和特质，它主要解决的是与国家、社会制度等相关的重大政治问题上的立场、方向、观点和态度。利用红色文化教育人民，一方面，能够让人们坚守马克思主义理论，并自觉支持中国共产党的领导，对于扭曲、否定历史的错误思潮和反动思想进行有力的回击和坚决斗争；另一方面，能够让人们在感情上得到触动，使人们的心灵得到洗礼，使其在文化的冲击中保持定力，不为利益所动摇，逐步形成并坚守正确的世界观、人生观和价值观。

第二，利用红色文化进行思想政治教育，能够培养人们正确的价值观，并巩固他们的理想信念。思想教育主要是关于世界观和方法论的教育，专注于解决主观与客观如何相符的问题。一方面，红色文化展现了马克思主义的科学世界观和方法论，体现了辩证唯物主义和历史唯物主义，帮助人们科学认识世界、把握规律，并指导他们运用主观能动性，按照客观规律改造世界；另一方面，红色文化中的革命精神可以感染和培养人们，使他们确立正确的价值观，坚定理想信念，并引导他们的行为符合社会主义的要求。

---

① 谢波、孙玉：《新时代背景下高校思政育人体系路径探索》，吉林大学出版社 2022 年版，第 3 页。

第三，通过红色文化进行思想政治教育，能够帮助人们建立崇高的道德情操。其中，一个重要任务是道德教育，通过道德标准调整和规范人们的行为，使他们将外部的道德要求内化为个人的道德观念，并转化为具体行动。在红色文化的发展过程中，涌现出了众多的典型人物，他们发挥着示范作用，通过学习红色文化，使人们在不知不觉中培养道德感情，自觉地将外在的道德要求转化为内在的道德观念。

第四，通过红色文化进行思想政治教育，能够发挥红色文化的精神感召力，满足人们的精神需求。红色文化能够鼓舞人们的精神，塑造积极向上的精神状态，激发斗志，开发潜能和活力，有效团结人心，并积极应对意识形态领域的斗争。此外，红色文化能为人们的实践活动提供信仰的力量、情感的力量和意志的力量。红色文化中的光辉历程、优秀传统和感人事迹能够加强人们对马克思主义的信仰，激发起强烈的理想情感以及增强坚定的理想信念。

五、红色文化是强化社会主义生态文明意识的精神动力

习近平指出："我国建设社会主义现代化具有许多重要特征，其中之一就是我国现代化是人与自然和谐共生的现代化，注重同步推进物质文明建设和生态文明建设。"[①] 建设生态文明不仅是一项充满挑战且复杂的全面任务，也体现了中国追求高质量发展的内在标准。在构建生态文明时，文化理念发挥着至关重要的作用，而红色文化及其中所体现的红色精神，无疑成为推动生态文明建设的核心精神动力。红色文化有着政治动员的独特优势，能提升公众的环保认知，增强他们爱护自然、合理使用资源的生态认知，并植根于实际行动，全面融入社会各方面，从而

---

① 习近平：《保持生态文明建设战略定力 努力建设人与自然和谐共生的现代化》，《人民日报》2021年5月2日第1版。

有效促进生态文明建设的步伐。

第一，红色文化具有鼓舞群众、汇聚力量的卓越特质，能统一思想、达成共识、团结人民，激发广大人民群众积极参与生态文明建设，为其进展作贡献。红色精神，特别是毛泽东同志提出的关于保持谦虚、谨慎、艰苦奋斗的思想，也对促进生态文明建设有着深刻的精神启示。西柏坡时期，党中央在简朴的农屋中举行办公会议，周恩来在中共中央南方局工作时的节俭故事等，都能激励广大人民养成节省资源、绿色消费和低碳生活的观念与习惯，为生态文明建设贡献力量。

第二，红色文化有助于协助人们形成正确的生态观。通常，红色旅游发展区的自然生态环境相对较好，且周围自然资源丰富，当人们在享受国家美丽景色的同时，红色文化及其资源可以对他们进行生态教育，引导他们形成正确的生态观。革命战争时期，红军利用井冈山的险要地形和自然屏障建立了革命根据地；社会主义革命和建设时期，党和人民进行了一系列植树造林和治理风沙的活动，展现了红色文化中艰苦奋斗和勤俭节约的精神。党和人民军队对自然生态的亲近感，也为现在培育和确立生态认识提供了重要的思想资料。

第三，红色文化能够驱动生态环境的改进，引导红色文化走向可持续发展之路。在红色旅游的开发过程中，要着力强化对环境污染和遗留环境问题的有计划的整治和治理，也要警惕基础设施和景区建设对当地生态环境的破坏。对红色文化资源科学合理的开发与规划，能够将自然资源从直接开发转变为间接利用，减少了直接开发所带来的环境损害。红色文化资源的开发利用、红色旅游的推动以及红色文化产业的发展会促进生态环境的有效改善，推动生态文明建设。只有始终坚守生态优先、绿色发展的准则，红色文化才能步入高质量的可持续发展之路。

第三章
红色文化的现代转译

第一节　革命传统与现代文化的对话

红色文化深刻记录并传承着中国革命的历史与精神，其在当下的现代转译，不仅是一种文化传承的需要，更是一种时代发展的必然。下面将通过分析红色经典与现代艺术的相互融合、革命故事在现代影视的新表达以及现代社会价值观与红色文化的共鸣与交融，探寻红色文化在现代社会的新表达和新价值，拓展其在新时代的文化影响力与深度。

一、红色经典与现代艺术的结合

（一）红色经典的深刻内涵

红色经典蕴藏着革命先辈坚定的理想信念和卓越的英雄主义情怀，是一种深厚的精神财富和情感寄托，这种精神不仅包含了对正义、自由和平等的坚定信仰，更体现了一种对民族独立和人民幸福的坚定追求。红色经典中的每一个故事、每一个形象都是中华民族精神的生动体现，是中华民族在极其艰难困苦的历史条件下，展现的坚强意志和非凡奋斗。红色经典还是中华民族文化的一部分，它在讲述革命历史的同时，也展现了中国传统文化中深刻的民族精神和价值观念。例如，对家国情怀的强调、对英雄个体的褒奖、对正义和勇气的颂扬，这些都深深根植在中华文化的土壤中，成为红色经典深沉而持久的文化基因。

（二）现代艺术的表达多样性

现代艺术以其多元化的表达手法、注重创新的理念和对个体表达的尊重，为不同文化背景和时代内容的艺术创作提供了广阔的舞台。其中，抽象派、超现实主义、波普艺术等多种艺术流派，以其独特的艺术语言和创作技法，赋予艺术作品深刻的内涵和强烈的视觉冲击力。现代艺术在形式和内容上的丰富性和多样性，使其能够跨越文化和时代的界限，与不同背景的文化元素发生交流和碰撞。

现代艺术更加注重艺术与生活的紧密关联，强调艺术应该介入社会，关注现实。现代艺术关注社会的多元化、注重个体的情感表达、强调创作的自由度，这使得它在面对传统文化元素时能够实现一种创新性的转化和再造。如何将深刻的红色经典内涵与多元、自由的现代艺术表达形式相结合，使其在新的文化语境下焕发新的生命力，是一个值得深入探讨和研究的课题。

（三）红色经典与现代艺术的有机融合

红色经典与现代艺术的结合，呈现出一种在思想内涵和表现形式上的有机融合，这不仅要求人们深刻理解红色经典的精神实质和历史价值，同时还要拓展和创新其在现代社会、文化和艺术中的表达和传承。

这种有机融合体现在红色经典的内涵与现代艺术表达之间的共鸣上。红色经典中所承载的那种追求正义、自由、平等的理念，以及那种坚定的信仰和不屈的斗志，在多种现代艺术形式的表达中都能找到相应的体现和交流。无论是在电影、戏剧、音乐还是在绘画、雕塑中，都能感受到那种深沉的历史记忆和坚强的民族精神在现代艺术语言中的展现和传达。红色经典与现代艺术的融合也表现为表达形式和技巧的创新与拓展。现代艺术强调形式和内容的统一，追求表达的多样性和创新性。在红色经典的表达中，艺术家往往会采用一种跨时代的视角，结合现代人的审美习惯和文化背景，通过新颖的艺术形式和手法，使红色经典在现代文化语境中焕发新的生命力。这样，红色经典不再只是作为一种历史的记忆被封存在书本中，而是通过现代艺术的创新表达，活跃在当代文化生活的多个层面上。红色经典与现代艺术的融合也体现在它们在传递价值观和塑造文化符号时的互动与交流上。红色经典在传递一种坚持理想、积极奋斗的正能量，而现代艺术则通过其开放的艺术观和多元的表达方式，为红色经典提供了更加宽广的传播途径和更加多元的文化解读。通过现代艺术的表达，红色经典得以在当今社会形成新的文化符号和精神寄托，进而在不同的文化领域和社会层面产生更加深远的影响。

在实现红色经典与现代艺术有机融合的过程中，不仅要关注其在形式和内容上的创新与拓展，更要关注其在文化内涵和社会价值上的传递与升华。这样的融合，既能使红色经典在新的时代背景下焕发新的生命力，也能让现代艺术在与红色经典的对话中找到更加丰富的表达和更加深沉的力量，共同为当代社会的文化建设和精神塑造提供源源不断的动力和启示。

（四）红色经典在新时代的传承与创新

在新的历史、文化和社会背景下，红色经典是中国革命和建设的重要文化遗产，如何在维护其核心价值的同时，与时俱进地进行传承和创新，显得尤为关键。

在传承方面，坚持红色经典的核心价值和基本精神是前提。也就是说，无论在哪个时代，红色经典传递的那种坚持理想、敢于斗争、无私奉献的精神都不能淡化，这种精神是激励一代又一代人勇往直前的重要动力，也是中国共产党能够不断从胜利走向胜利的基础。在创新方面，要将红色经典与现代社会发展相结合，使其在新的历史条件下焕发新的生命力。具体而言，可以从以下三个方面着手。

一是在内容表达上寻找创新。在新的时代背景下，一些红色经典的故事可能需要通过新的方式来进行诠释和表达，使其更符合现代人的审美习惯和思维方式。通过不同的艺术手法，如电影、戏剧、音乐、美术等，用更接近现代人情感的方式展现那些永恒的故事和精神。二是在传播途径上拓宽视野。利用现代化的传媒工具和平台，如互联网、社交媒体等，扩大红色经典的传播范围和影响力，让更多的人，尤其是青少年能够更加便捷地接触和理解红色经典。三是在文化交流上深入挖掘。红色经典作为中华民族的宝贵文化遗产，其中蕴含的价值观和人类共同的精神追求，在国际文化交流中具有重要的价值和意义。通过多种形式的国际交流和合作，可以让红色经典走出国门，让世界了解中国的历史，理解中国人民的精神世界和价值追求。

这样的传承和创新，能够使红色经典在新的时代条件下继续发挥其重要作用，激励更多的人为实现中华民族伟大复兴而努力奋斗。

二、现代社会价值观与红色文化的融合

在社会主义现代化的大潮中，红色文化作为中华民族在伟大的革命斗争中积累和形成的独特文化，包含了深厚的理论底蕴和丰富的精神内涵。与此同时，现代社会的价值观则在全球化、多元化的大背景下，不断地吸纳和融合各种文化元素，形成了一个开放的、多层次的价值体系。红色文化与现代社会价值观的融合，便是在这样一个大背景下进行的文化交流与碰撞。

红色文化主要体现在革命精神、英勇奋斗、集体主义、人民至上等方面，这些价值观念历经数十年，已经深入中国社会的各个层面，成为人们精神生活的重要组成部分。在新的时代背景下，红色文化所蕴含的这些传统价值观念，与现代社会价值观发生了多层面的互动和融合。

在全球视野下的现代社会价值观，强调个体价值的实现、人的全面发展、和谐社会的构建、科技进步的引领等多元价值取向，这些现代价值观念在一定程度上推动了社会的进步和发展，也在不同程度上影响着每一个现代人的思想观念和行为选择。在这样的背景下，红色文化与现代社会价值观的融合，就变得尤为重要和必要，这一融合表现为红色文化中的核心价值观念，如为理想信念而奋斗、团结协作、艰苦创业等，与现代社会中弘扬的创新、包容、开放等价值观念产生了有益的交流和碰撞。例如，在推崇科技创新的同时，人们可以从红色文化中汲取坚持信念、百折不挠的精神力量，为现代科技创新提供强大的精神动力和文化支撑。在弘扬个体价值和自由竞争的同时，人们也能够从红色文化中汲取集体主义的理念，强调团队协作和共同发展，使现代社会价值观更加全面和均衡。而在倡导环保和可持续发展的今天，红色文化中的艰苦奋斗和勤俭节约的精神，也能为现代社会的环保理念和实践提供有力的精神支柱。

红色文化中的英勇奋斗、无私奉献的精神内核，在现代社会中也得到了新的体现和发展。例如，在抗击自然灾害、支援灾区建设等方面，人们表现出来的那种众志成城、共克时艰的精神风貌，就是红色文化精神在现代社会中的生动体现。而在推动经济、文化等各个领域的现代化进程中，红色文化所蕴含的那种坚定信念和持之以恒的奋斗精神，也为社会的快速发展提供了不竭的精神动力。

现代社会价值观也为红色文化的传承和发展提供了新的视角和可能性。在多元文化的交流与碰撞中，红色文化得以在更加开放和包容的环境中得到新的理解和拓展，在这个过程中，红色文化不再是封闭的、僵化的，而是能够不断吸纳新的文化元素，与时俱进地发展和丰富自己。而在互联网技术和社交媒体的影响下，红色文化也能够以更加多元的形

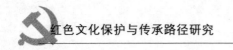

式和内容、更加便捷的方式传播给更加广泛的群体。在这个过程中，红色文化与现代社会价值观的交流与融合也更加深入和自然。

第二节　红色文化的当代塑造

红色文化作为中国特色社会主义的一种独特表达，倾注了千千万万革命先辈的理想信念和英勇奋斗。在现代社会中，如何塑造和传递红色文化，使之与当下社会的发展脉动相联结，成为一项值得深入探讨的议题。红色文化的当代塑造，是对传统革命文化的传承和发展，也是对现代社会主义文化的充实和拓展。

一、探索红色教育的新模式

在当代中国，红色文化常被视为一种独特的精神力量和文化资源，它不仅是历史记忆、民族精神的体现，也是社会主义核心价值观的载体。这种文化在当代社会如何得以有效传承和再创造，尤其是在教育领域如何呈现出新的模式，成为值得深入探讨的课题。红色文化的核心是红色精神，它包含伟大的抵抗精神、自强不息的奋斗精神和无私无畏的牺牲精神。在当下这个时代背景下，如何让红色精神在当代教育中发挥作用，让其通过新的教育模式在青少年中得以传承，是实现中华民族伟大复兴中国梦的关键。

（一）数字化红色教育

数字化技术在红色教育中开辟了新的维度和可能，特别是虚拟现实（VR）和增强现实（AR）技术，它们能够让学习者身临其境地体验红色文化和历史，突破了传统教育方法在感官体验和情感共鸣方面的局限。

借助 VR 技术，学习者能够身临其境地观察历史事件，与历史人物"面对面"交流，感受他们在不同历史时期的生活和斗争。这种近距离的、沉浸式的体验方式，有助于提高学习者的历史体验感和同理心，使他们更加深刻地理解红色文化的精神内涵。例如，在红色教育资源数字化实践活动中，为了保持红色教育资源利用者获取直接的经验，通常采用虚拟现实技术进行红色教育资源实体"真实改变"。[①]通过"参与"其中，学习者能够感受那个时代的氛围，理解人物的选择和决定背后的动机。这种体验感极强的学习方式，能够在视觉和听觉上给予学习者极大的冲击，使红色教育的内容更为深入人心。

增强现实技术则能够把虚拟信息叠加到真实世界中，丰富学习者的实际体验。例如，在参观红色景点时，通过 AR 眼镜或者手机 App，学习者可以看到历史图片、视频或 3D 模型，了解更多背景信息和相关故事，这样的应用不仅增强了参观体验的丰富性和趣味性，同时也提高了学习的效率和效果。通过数字化红色教育的实施，红色文化和历史得以用一种更加生动和立体的方式展现在现代学习者面前，学习者在享受科技带来的便利的同时，也为传承和弘扬红色文化提供了有力的支持。

（二）实地体验教育

实地体验教育，以其独有的亲身感知和感受历史的能力，深受各年龄层次学习者的喜爱。针对红色教育而言，实地体验能够让学习者直观地理解和感受那段激扬的历史，并在情感上得到更深的触动。为了更好地弘扬红色文化，更深刻地挖掘这种教育方式的潜力，需要注重以下三个方面的实践和思考。

---

① 高子伟、王承博、乔刚、贺启翔：《新时代延安红色教育资源数字化及其育人路径研究》，《中国教育信息化》2022 年 6 期。

第一，历史遗址的保护和利用是实地体验教育的基础。红色历史遗址作为革命历史的见证，其每一个角落都承载着鲜血和生命，每一堵墙壁都记载着英雄们的事迹。如何在保护的同时，将这些历史的见证进行合理的教育利用，是摆在每一个红色教育工作者面前的问题。为此，可以考虑搭建一个多学科专家团队，对这些遗址进行科学的研究和规划，使其在教育中发挥最大的价值。

第二，寓教于乐的体验设计也至关重要。实地体验不仅是一种感知历史的方式，也应是一种愉悦和有趣的体验。在组织活动的过程中，教育工作者可以设计一些富有创意和互动性的活动，如角色扮演、历史解密游戏等，使学习者在参与和体验中汲取红色文化和精神的营养。

第三，实地体验的前后延伸不能忽视。实地体验教育不应仅限于参观的过程，在实地体验之前，教育工作者需要让学习者进行充分的预习和准备，让他们对所要参观的历史背景和文化内涵有一定的了解；而在体验之后，教育工作者也要通过复盘、讨论、创作等方式，帮助学习者深化理解，使他们进一步将所学知识内化为自己的精神财富。

在实地体验的实践中，教育者和学习者构成了一个学习共同体，他们一同参与、一同体验、一同学习。这种共同体的形成不仅有助于加深学习者对红色文化的理解，也有助于他们形成一种健康、积极的学习氛围，提升整体的教育效果。

（三）红色教育资源的整合

红色教育资源的整合在提升红色文化教育效果、深化红色文化传承等方面具有不可或缺的重要性。在红色教育的进程中，怎样把握各种红色教育资源、将其有机融合、并在整合过程中注入现代教育理念和技术，成了一个颇具挑战的议题。整合红色教育资源，不仅要着眼于资源的丰富和多样，更要注重其教育的价值和意义，将其融入现代红色教育的多个层面和环节中。

一个值得关注的切入点是红色教育资源的数字化和网络化。在信息时代，数字化不仅为资源的保护和传承提供了新的手段和平台，更为其在教育中的运用打开了新的维度。数字化的红色教育资源能够跨越时空的限制，让更多的学习者通过互联网获取到宝贵的学习资源，从而实现红色文化的广泛传播和深入教育。同时，借助现代信息技术手段，教育工作者可以把红色历史故事、英雄事迹、革命文物等以多媒体、虚拟现实等形式呈现出来，让学习者得以在更加丰富和真实的环境中体验和学习红色文化。教育资源的整合也体现在多学科和跨领域的协同合作中。红色文化的内容和精神不仅仅属于历史领域，它同样可以与文学、艺术、社会学等多个学科产生交融和碰撞。因此，在红色教育资源的整合过程中，吸纳和引入多学科的视角和方法，会使红色教育呈现出更加丰富和多元的面貌。例如，通过文学作品来反映和传承红色文化，利用艺术作品来展现红色精神的魅力，或是用社会学的方法来探讨红色文化在现代社会的传承和影响等。

在红色教育资源的整合中，也需要关注不同年龄段的群体的特殊需求，针对不同的学习者，如青少年、成年人等，要提供符合其认知特点和兴趣爱好的教育内容和方式。这就要求教育工作者在整合资源的过程中，既要有宽阔的视野，也要有细致的洞察，创造出多层次、多形式的红色教育产品和活动。

对于红色教育资源的整合和利用，要在全社会形成共识和力量。那些尚存的红色资源——无论是物质的还是非物质的——都需要得到社会的关注和保护。只有政府、企业、民间联手，通过法律、政策、科技等多方面的支持，共同推动红色教育资源的保护、整合和利用，才能真正发挥其在红色文化传承和教育中的价值。

二、红色文化与青少年教育的结合

青少年作为国家的未来和民族的希望，从小培养其红色文化的认同感和国家观念，对于国家的长远发展和民族精神的延续具有深远意义。红色教材的编写与运用、红色活动的组织以及搭建红色青少年交流平台，成为红色文化教育的关键方面。教育工作者要通过各种形式和方法，让红色文化渗透进青少年的学习和生活中，使其成为他们精神世界的重要组成部分。

（一）红色教材的编写与运用

红色教材，在当代青少年教育中，展现出不可替代的重要作用。编写红色主题的青少年教材，意在通过描绘革命先辈的英勇事迹和崇高精神，向青少年传达正能量的故事和品质教育元素。红色教材的编写与运用不仅是对青少年进行思想教育和品德引领的关键途径，也是红色文化传承的重要手段。

在红色教材的编写过程中，故事的真实性和感染力尤为重要，教育工作者要充分挖掘红色历史中的英雄人物和感人事迹，用贴近青少年语境的文字，呈现那些激荡人心的历史瞬间。确保故事内容的真实性和准确性，是红色教材的根本所在，也是其教育效果得到保障的关键。这要求教育工作者深入研究红色历史，细致采访历史见证人，精心选择和整理教材内容。由于红色文化的形成具有鲜明的时代特征，在编写红色文化教材时，教育工作者可以以历史事件发生的时间节点为主要的分割线，进行历史各阶段的阐述。[①] 在红色教材的运用中，吸引青少年主动

① 张金山：《红色文化与创业文化的时代新阐述》，吉林大学出版社 2022 年版，第 61 页。

学习，使其在学习过程中感受到红色文化的深远影响和价值，变得尤为关键。教材中的每一个故事、每一段历史，都要让青少年能够从中寻找到与自己的联系点。例如，可以将红色故事与现代青少年面临的困惑和挑战相联系，通过历史中的英雄人物给予他们信念和勇气。

教师在课堂教学中，要尽可能地创造情境，用多种教学方法激发学生的学习兴趣，如运用多媒体资源，如影片、音频等，将革命历史的图片和录音引入课堂，让青少年以更加直观的方式体验红色历史。同时，也可以组织模拟活动，如模拟红军长征，让学生身临其境地体验红色文化。红色教材不仅要在课堂中得到充分利用，还要拓展到课堂之外，让青少年在课外阅读、社会实践中也能够接触和理解红色文化。例如，可以组织学生参观红色历史遗迹、博物馆，实地感受红色文化的魅力。

为了更好地实现红色教材在青少年教育中的功能，教育工作者需要不断探索和实践，将红色教材与当代青少年的实际情况紧密结合，让红色文化在青少年群体中得到更加深入的理解和传播。在此过程中，红色文化将不断与时俱进，以更加符合时代特色的方式，影响和塑造一代又一代年轻人的成长道路。

（二）红色活动的组织

红色活动的组织是红色文化与青少年教育相结合的重要方式之一，丰富多彩的红色主题活动能够让青少年身临其境地感受红色文化的独特魅力和深刻内涵。进一步落实红色教育不仅仅局限于课堂，而是要走进生活、走进实践，将革命传统和红色文化内化于心、外化于行。

在红色活动的组织中，内容的创新、形式的多样和参与的广泛成为确保活动效果的关键。红色活动应紧扣时代脉搏，回应青少年的兴趣爱好，深刻反映红色文化的精神实质。例如，教育工作者可以组织红色主题的夏令营、红色教育旅行、红色故事演讲比赛、红色歌曲创作和演唱等。红色主题的夏令营能够通过实地体验红色文化的重要场所和历史遗迹，让青少年更加生动、直观地理解和感受革命先辈的伟大事迹和崇高精神。夏令营活动可以设计一系列的体验活动，如长征路上的模拟徒步、篝火晚会，通过分享红色故事、歌唱红色歌曲等，营造浓厚的红色文化氛围。红色教育旅行也是一种常见的红色活动形式。组织青少年到红色历史遗迹和红色文化基地，不仅能让他们学习革命历史知识，更能让他们感受到那段艰苦卓绝的历史时期所蕴含的精神内核。旅行过程中，导游和教师的讲解、实地的考察和体验，都能够让红色文化和青少年产生更加直接的互动。组织红色故事演讲比赛也是一个有效的方法。通过演讲比赛，教育工作者可以鼓励青少年深入学习红色文化，自主查找、研究红色历史故事，将自己的理解和感悟通过演讲的方式表达出来，这不仅能够锻炼青少年的口语和表达能力，也能让他们在准备演讲的过程中深入了解和思考红色文化的价值和意义。红色歌曲创作和演唱活动，可以激发青少年的艺术创造力，让他们通过自己的方式来表达对红色文化的理解和情感。音乐本身就是一种强大的情感和文化传播手段，通过音乐，红色文化能够在青少年中得到更加深入人心的传播。

（三）搭建交流平台

在新时代背景下，搭建红色青少年交流平台变得尤为重要，它旨在创造一个环境，让青少年能够在这个平台上学习、交流、分享关于红色文化的知识和理念。该平台成为青少年认识历史、学习历史和尊崇历史的窗口，更是他们亲近红色文化、体验红色文化的重要渠道。搭建红色青少年交流平台，可以从以下五个方面入手。

1. 线上交流平台的建设

随着互联网的广泛普及和技术的日益发展，线上平台已经成为现代人获取信息、交流观点、分享知识的主要途径。红色文化主题网站的建设不仅可以整合现有的红色文化资源，更可以适应青少年的学习习惯和接收方式。例如，利用现代的 Web 技术和视觉设计，网站可以为青少年提供更加直观的学习体验，如三维虚拟场景、动态时线等；社交媒体账号可以及时发布与红色文化相关的新闻和活动，与青少年进行实时互动，回应他们的疑问和建议；在线学习平台则可以设计成模块化的课程，结合视频、动画、互动测试等多种形式，帮助青少年深入学习红色文化。

2. 线下交流活动的举办

纵观历史，红色文化并不仅仅是文字和影像的记录，更多的是那些发生在具体地点、由真实人物参与的事件。线下交流活动，如红色主题的讲座、展览和实地考察，使青少年有机会走进那些历史场景，看到那些宝贵的文物和遗址，听到那些震撼人心的故事，这样的体验远比简单的阅读和观看更能深入人心，更容易引起青少年的共鸣和情感共振。例如，通过参观红色教育基地和纪念馆，青少年可以更真切地了解革命先辈的艰辛和伟大，从而深入体会到红色文化的深厚内涵和价值所在；通过参加红色主题的文艺演出、朗诵会等活动，青少年也可以拥有一个展示自己才艺、传播红色文化的舞台。

3. 红色文化资源库的建设

红色文化资源库作为一个专门的知识库，需要系统、完整地梳理和整合红色文化的各类资源，考虑到资源的多样性和丰富性，该资源库可以采用云计算技术，实现对大量数据的高效存储和检索。在内容的选择上，应该广泛涵盖红色文化的各个方面。除传统的书籍、文献、图片、影像之外，还可以加入口述历史、个人见证、红色艺术品等，增强资源库的生动性和真实感。为了使资源更具学术价值和教育意义，教育工作者可以邀请学者和专家参与资源的筛选和注释工作，让他们为红色文化资源提供背景信息、历史解读和学术评价。资源库的界面设计和用户体验也非常关键，采用直观的分类和标签系统，可以帮助用户快速找到所需资源；提供搜索引擎和推荐算法，可以为用户推送与其兴趣和需求相符的资源。此外，资源库还可以设置互动和分享功能，鼓励用户之间的交流和合作，使他们共同学习和研究红色文化。

4. 红色文化创作鼓励

红色文化不应该仅仅停留在过去，而应该与时俱进，不断发展和创新。为了鼓励青少年对红色文化的创作和传承，教育部门可以设立红色文化创作奖励机制。这种机制可以涵盖各种创作形式，如文章、绘画、视频、音乐等。每年或每季度，有关部门都可以举办红色文化创作比赛或征文活动，吸引青少年积极参与。对于优秀的作品，除了给予物质奖励，还可以为作者提供展示和推广的机会，如在重要的红色文化活动中展示其作品，或在红色文化资源库中特别推荐。

为了确保创作的质量和原创性，可以邀请红色文化领域的专家和学者组成评审团，对参赛作品进行公正、专业的评审。同时，为了激发青少年的创作热情和灵感，可以为他们提供红色文化的创作工具和资源，如创作指南、素材库、在线创作平台等。

5. 导师团队的建设

在红色文化的传播和教育中，导师团队的角色是不可或缺的，这不仅仅是因为他们拥有专业知识，更是因为他们能够将深奥的历史知识和红色文化的精神与青少年有效地连接起来。导师团队应由多学科领域的专家组成，这样才能确保红色文化从各个方面得到充分的解读和传播。历史学家可以深入挖掘和解读历史事件，教育学家能确保知识的传授方法适应青少年的接受能力，而心理学家则可以帮助青少年处理他们在学习过程中可能出现的心理问题，确保他们健康地成长。导师团队需要定期进行专业培训和实地考察，以确保他们的知识是最新的，使他们能真实地感受红色文化的魅力。这样，他们在与青少年交流时，就会既有深度又有感染力。

三、红色主题的现代艺术创作

红色文化作为中华民族精神的重要组成部分，其在现代艺术创作中的表达和延续显得尤为重要。红色主题的现代艺术创作承载着复杂、丰富的文化信息，它既深深扎根于传统文化的土壤，又在与全球文化的交流中积极吸纳新的营养。这样的特性，使得红色主题的现代艺术创作成为国际文化交流的重要载体，也成为弘扬国家精神和文化自信的重要渠道。

（一）红色主题的艺术表达

红色主题在现代艺术中的深度融入标志着对传统价值观的延续和创新，这种主题不仅是对历史的回溯和纪念，也是对现代文化的挑战和创新。与时俱进的艺术创作必须能够反映时代的脉搏，而红色主题正好为创作者提供了一个结合传统与现代的绝佳背景。在当代艺术中，红色主题已经不再是单纯的历史回溯，而是在探索更加深入的情感表达和更富有创意的叙事方式。例如，许多现代电影在涉及红色主题时，选择了更加细腻的角色塑造、更加丰富的情感层次和更加精致的镜头语言，这使得现代的红色主题电影不仅仅是一个传统的历史叙述，而是真实、动人的人类情感的体现。

值得注意的是，红色主题在现代艺术中所展现的不仅仅是过去的英雄形象和伟大事迹，更多的是对于人性、理想、信仰的深度挖掘，这种深度反映了当代艺术家对于红色文化的真切感受和对于时代变迁的敏锐观察。在这种背景下，红色主题已经不再是一个单一的历史符号，而是成为连接过去与未来、传统与现代的重要桥梁。

（二）跨界合作的推广

红色主题在当代艺术中的延伸和发展，离不开与其他艺术领域的跨界合作。跨界合作的意义在于，它能够为红色主题带来新的创作理念、表现形式和传播渠道，从而使红色主题更加活跃于当代艺术舞台。

红色主题与流行音乐的结合为传统主题注入了时尚的元素，许多当代音乐人将红色历史和革命精神融入其作品中，通过音乐的方式为年青一代重新解读红色文化，使其更具吸引力，这种结合不仅是一种创新的表达，也是对红色文化传承的另一种尝试；现代舞蹈和时装设计同样成为红色主题新的展现形式，设计师们在服饰中融入红色元素，不仅是为了追忆历史，更是希望通过设计将红色文化的理念传递给当代人；而现代舞蹈则用身体语言来演绎红色故事，使之更具情感感染力。跨界合作还带动了红色主题与科技、互联网的紧密结合。例如，通过虚拟现实技术，人们可以更加身临其境地体验红色历史，使其不再是遥远的过去，而是切身的体验。此外，数字技术的运用也使红色艺术作品得以广泛传播，吸引了更多年轻人的关注。

这些跨界合作的实践，使红色主题在当代艺术中焕发出了新的生命力，也使其在与全球文化的交流中更具包容性和影响力。

（三）国际交流与展示

红色主题的现代艺术创作，在国际文化交流中起到了不可或缺的作用，这种交流不仅提升了中国红色文化在全球的影响力，也加强了文化之间的互相理解和尊重。

在众多国际艺术节、影展和音乐会上，红色主题的艺术作品常常成为焦点，这是因为它们展示了中国革命历史的伟大和中华民族的坚韧不拔。例如，许多红色主题的电影在国际电影展上获得了高度评价，它们不仅展示了优秀的影视技巧，更传达了深刻的人文思考和民族情感。红色艺术创作的国际交流，也引起了其他国家对中国文化和历史的关注和研究，许多外国艺术家、学者被红色主题所吸引，纷纷来华寻根、学习和合作，共同探讨红色文化在当代社会中的价值和意义。中国的红色主题艺术作品也常常走出国门，到各国展览和交流，这种"走出去"的策略不仅加强了文化输出，也为世界各地的人们提供了了解中国的窗口；这种交流方式不仅展示了红色文化的魅力，也为中华文化在全球的推广打下了坚实的基础。

第三节　传统与创新的融合路径

通过与现代科技的深度结合，以及对传统元素的创新运用、对红色IP 的打造、与商业的融合、与社会实践的结合，红色文化将在继承与发展中找到新的活力源泉，使其在新的历史时期中焕发更为璀璨的光彩。在此过程中，人们既要弘扬红色文化的精神内涵，又要注重方法手段的创新与拓展，实现红色文化的现代化转型与国际化传播。

一、红色文化与现代科技的结合

面对全球化、网络化的社会格局，传统红色文化亟须与现代科技实现深度融合，以更加符合现代审美和接收习惯的方式呈现给公众。

（一）智能互动体验

在红色文化的传承与推广过程中，智能互动体验的引入成为一道亮丽的风景线，开辟了一种崭新的体验式、互动式学习模式。透过技术的镜头，红色文化的深厚底蕴与革命精神得以通过更多元、更富吸引力的方式展现在公众面前。

聊天机器人在红色文化的传播中充当了极为重要的角色，在与机器人的交流中，尤其是年青一代，能够更加直观地理解和感受到红色文化的底蕴和力量。智能语音解说技术通过为用户提供声音导览，丰富了他们的文化体验，尤其在红色文化教育和旅游中，这一技术占据了至关重要的位置。例如，在一些红色景点，智能语音解说能够依托移动设备为游客讲述背后深厚的历史文化和革命故事，让过去的事件在现代人面前复苏，成为一种情感的共鸣和精神的激励。虚拟现实技术与增强现实技术则为红色文化的展示带来了革命性的突破，这些技术为人提供了一种仿佛穿越时空的体验，使人们能够更为直观地感受到红色文化的魅力和红色精神的伟大，使得红色文化的内涵得以在更为广泛和深入的层面上得到传播和理解。融媒体在红色文化的传播中也起到了关键性的作用，多媒体的内容展示和信息传播模式使得红色文化故事的讲述更为丰富多彩，吸引了更多的年轻人，它以全新的传播形式，帮助红色文化走进现代人的生活，成为他们精神世界中不可或缺的一部分。

（二）移动传播

在快速发展的移动互联网时代，移动传播展现出了无与伦比的优势和潜力，尤其是在红色文化的传播和教育中，具有不可忽视的价值。移动传播以便利、快捷、普及的特点，将红色文化的精髓及其所承载的革命精神广泛地传向社会的每一个角落。

在移动传播的大潮下，红色文化内容以应用程序（App）、小程序、H5页面、短视频等形式传递，适应了现代人快节奏的生活方式，也符合现代社会，特别是年轻人的信息获取习惯。其中，红色文化主题的App以其系统性和专题性，对红色历史地点、重要人物、革命事件等进行深入的挖掘和展示，为用户提供了一个全面、系统的红色文化学习平台。例如，一款集红色历史文献、影像、音频、地图等多种资源于一体的App，能够让用户在指尖间遨游于丰富的红色文化海洋，借助地图功能，用户还可以轻松找到周边的红色文化景点，并获取详细的历史信息和导览服务。这样的App不仅方便了用户学习红色文化的历史知识，还激发了他们探索和体验红色文化的积极性。借助社交平台和新媒体平台的推广，红色文化内容以短视频、直播、图文等形式传播，进一步增强了其影响力。例如，在抖音、快手等平台上，通过生动的短视频内容，红色故事以轻松易懂的方式呈现给大众，吸引年轻人的目光，激发他们的兴趣和好奇心。

在移动传播的过程中，也能体现出红色文化的活力和时代性。红色文化的故事、精神、价值观在移动互联网的传播下，能够以更加多元、开放的姿态介入现代人的生活，进一步丰富他们的精神世界，并在潜移默化中影响他们的思想和行为。

（三）在线教育

在线教育已经逐渐渗入各个学科领域和多个年龄层，成为知识传播的重要方式之一。在红色文化的传播和教育上，在线教育也在发挥着越来越重要的作用。借助线上平台，红色文化教育能够突破地域的局限，为不同区域、不同年龄层的人们提供更加便捷、丰富的学习资源和交流平台。人们可以在适宜的时间和地点，根据自己的学习节奏和兴趣选择相关的学习内容，这不仅大大拓宽了红色文化教育的受众群体，也让学习变得更加个性化和自主。例如，设立专门的红色文化在线学习平台，其中涵盖红色历史资料、影音资源、互动讨论等多个板块，用户可以观看专业讲座、红色经典电影，也可以阅读红色文学作品和革命历史资料，更可以参与线上红色主题的讨论交流、互动问答等。

实际上，将红色文化教育融入在线教育平台，不仅有助于国人对于红色文化的深入学习与理解，还能进一步推动红色文化的现代传承。在这个过程中，教育工作者可以借鉴现代教育理念和方法，如情境教学、项目学习等，引导学习者从红色故事中提炼具有普遍意义的道理，将革命精神与现代生活相结合，从而让红色文化在现代社会中焕发新的生命力。面对不同年龄层次的学习者，在线红色文化教育内容可以进行具有针对性的设计和调整。对于青少年群体，可以制作一些富有趣味性和互动性的学习资源，如红色故事的动画化、游戏化等；对于成人群体，可以推出一些深入的专题讲座和研讨活动，探讨红色文化的多个层面和方向。

借助在线教育平台，红色文化的学习和传播将不再受制于时空，它能够穿越千山万水，传达到每一个渴望了解红色文化、热爱红色文化的人的心中，从而让红色文化的种子在更加广阔的土地上生根发芽、繁荣发展。

二、红色 IP 的打造

红色文化作为一种独特而深远的文化资源，囊括了丰富的历史故事、英雄人物和深刻的意识形态内涵。在当代背景下，如何将这些宝贵的文化资源转化为具有广泛吸引力和影响力的文化产品，成为一个值得深入探讨的问题。红色 IP 的打造便是一种策略。

在红色 IP 的打造过程中，要注重将红色文化的核心价值与现代审美、消费需求相结合，以确保其在市场上的活力和影响力。例如，可以挖掘红色文化中的经典故事或英雄形象，将其通过故事化、漫画化、动画化等方式呈现，以适应不同年龄段、不同兴趣层次的消费群体，在这个过程中，不同的艺术表现形式可以相互借鉴和融合。例如，可以将红色故事与现代流行元素相结合，推出一系列以红色英雄为主角的动画系列或图书，将深刻的革命故事以轻松、易接受的方式呈现给年青一代。此外，还可以开发一系列与之相关的衍生产品，如红色角色的手办、服饰、文具等，将红色文化元素融入人们的日常生活。

红色 IP 的传播和推广同样重要，可以利用多媒体平台，如微博、抖音等，将红色 IP 推向更广泛的受众。利用这些平台的特点和用户基础，创造与之匹配的内容和活动，如线上互动讲座、红色故事征文比赛、红色人物角色扮演大赛等，进一步激发目标群体的参与热情和兴趣。

红色 IP 的创造并不只是将红色文化元素"包装"成为一个可以商业化运作的产品，更在于如何在商业运作的过程中传递和弘扬红色文化的核心价值。只有将深刻的红色文化内涵与现代社会消费需求及审美趣味相结合，红色 IP 才能在当代社会真正得以传承和发扬，成为连接过去与未来、传统与现代的文化纽带。

三、红色文化与商业的融合

在现代社会的多元文化背景下，红色文化作为中国革命和建设的重要组成部分，也在不断寻求与时俱进的发展与传承路径。在此过程中，红色文化与商业的融合就成为一种新的尝试，它旨在把红色文化的精神内涵和教育价值与商业活动相结合，打造既有文化深意又具有市场价值的产品或服务。

红色文化元素在商业领域的应用可以是多种多样的，如红色主题的文创产品、红色旅游、红色主题的影视作品等，均可在传播红色文化的同时，满足市场的多元需求。这样的融合不仅仅是单纯的商业化应用，还是在商业运作中融入红色文化内涵，进而在更广阔的领域传播红色文化。例如，在红色文化与商业的融合过程中，可以开发一系列红色主题的文创产品，如红色故事书、红色主题的生活用品、红色艺术品等，这些商品在满足市场需求的同时，也能够在日常生活中潜移默化地传递红色文化的价值观和精神内涵。对于消费者来说，这样的产品既具有实用价值，也具有深刻的文化和教育意义。

红色旅游也是红色文化与商业融合的一个重要方面。通过开发一系列红色旅游路线，游客在享受旅游乐趣的同时，也能够亲身体验红色文化的历史遗迹和精神内涵，感受革命先烈的英勇事迹和伟大精神，这不仅带动了旅游市场的发展，也为红色文化的传播提供了一个直接、生动的平台。在影视作品中融入红色文化元素，通过讲述感人至深的红色故事，也能够在娱乐中实现红色文化的传承和弘扬，将红色文化的价值观深入人心，实现情感共鸣，达到教育和引导的效果。

四、红色文化与社会实践的结合

在传承和弘扬红色文化的过程中，实践参与成为一种极为关键的方式，其能够让群众深入理解红色文化的魅力与价值。实践不仅仅是理论的应用，更是一种在行动中对文化精神的认知和体验。红色文化与社会实践的结合，可以通过多种形式展现红色文化的深厚底蕴，促使其在广大群众中扎根。

社会实践活动可以是多种多样的。例如，引导群众实地体验那些红色历史发生的地方，感受红色文化的深刻内涵，通过到红色历史遗迹的实地访问，使参与者能够更直观、更真切地感受到那段历史的氛围，从而更加深入地理解红色文化的精神内涵和历史价值。在这些实践活动中，可以安排一些专题讲座、实地采访、体验式学习等环节，让参与者能够从不同的角度、通过不同的方式来体验和理解红色文化。例如，可以邀请历史学家或红色文化研究者给参与者举办专题讲座，分享红色文化的历史背景、精神内涵等内容；可以组织参与者进行实地采访，了解当地的红色历史故事，挖掘红色文化的地方特色；还可以设计一些体验式学习活动，如重走红军路、体验革命活动等，让参与者在实践中感受红色文化的精神力量。

红色文化与社会实践的结合也可以体现在日常的教育教学活动中。教育工作者可以组织学生参与和红色文化相关的社会实践中去，如参与红色故事的收集、整理和宣传，参与红色遗址的保护和宣传等。通过这些活动，可以让学生在实践中学到知识，体验红色文化的精神，从而更加自觉地传承红色文化。

红色文化与社会实践的结合为红色文化的传承和发展提供了一种重要的方式，它将理论和实践相结合，以实际行动来弘扬和发展红色文化，使其在广大群众中产生更广泛的影响。这样的实践活动，不仅是一种文化体验，更是一种精神教育和价值引导，对于加强红色文化在现代社会的影响具有重要的意义。

第四章
红色文化在党建体系中的保护与传承

★ ★ ★

第一节　党校对红色文化的整合与运用

党校在红色文化的整合与运用中起到桥梁和纽带的作用，通过充实教材、深入研究红色经典和实地教学，不仅丰富了学员的学习体验，也强化了红色文化在党建工作中的重要地位。红色文化的传承和发展，需要在理论学习和实际操作中不断探索和实践，使之成为党的建设和发展中不可或缺的精神力量。

一、党校教材中的红色文化内容

党校教材中的红色文化内容关乎如何把红色精神和红色历史融入党的理论教育，并将之转化为党员干部的思想信仰和精神力量。红色文化在党校教材中的体现，是将历史事实与理论指导结合起来，通过严密的逻辑和科学的方法论，将红色文化的精髓、基础理论及其在中国共产党历史发展中的实际运用进行深入浅出的解释和阐述。

红色文化内容在党校教材中的体现，关键在于如何理解和运用。理论是行动的指南，红色文化内涵的丰富和多样为人们提供了丰富的理论资源和实践经验。在教材中，红色文化的内容不仅是一个历史叙述，更是一种精神力量的传递，是一种用事实和理论打造出的实践智慧。例如，在探讨党的建设的教材章节中，可以将红色文化的实践内容——如红军长征的伟大精神——运用到党的组织建设、战略部署和干部队伍建设中，探讨其在现实中的应用价值和操作方法。在谈及党的群众路线的章节中，可以通过红色文化中的生动事例，如抗战时期党的地下工作、土地改革运动等，来展现党的群众观点和工作方法，对当前的群众工作

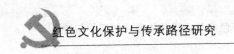

提供历史参照和理论支持。

红色文化内容在党校教材中的呈现方式也至关重要，它要能引起学员的兴趣和共鸣，使学员在学习过程中实现感性认识与理性认识的统一。例如，可以通过故事化的方式，将红色历史中的英雄人物、感人事迹融入理论教学之中，使枯燥的理论内容更具生动性和感染力。红色文化教材的编写需要注重开展多学科交叉研究，如将政治学、经济学、社会学、文化学等不同学科的理论知识相互融合，多角度、多层次地展示红色文化的丰富内涵和独特魅力。这样，党校教材不仅能够更加全面、深刻地解读红色文化，也能够帮助学员培养综合分析问题的能力，提高其理论素养和实际工作能力。

二、红色经典研究与党校课程设计

在党校的课程设计和实施过程中，红色经典研究显得尤为关键，它不仅是一种对历史的回顾和研究，更是一种精神的传承和理念的坚守。红色经典，通常指的是在中国革命和建设过程中形成的一系列具有重要历史意义和深远社会影响的事件、人物和物件，这些经典内容往往蕴含着丰富的思想观念和精神内涵，是党和人民团结奋斗、不断前进的精神支柱和力量源泉。在党校课程的设计中，红色经典研究的深度与广度直接影响着党员干部的思想觉悟和工作实践。如何在党校的教学中充分运用红色经典，打造符合新时代要求的党校课程，是一个值得探讨的问题。

（一）提炼红色经典的精神内涵

红色经典作为一种特殊的文化遗产，蕴含着丰富的思想价值与精神寄托，是指导党员干部强化"四个自信"、坚守党的初心使命的重要资源。从中提炼精神内涵，旨在将那些跨越时间与空间的革命理念和优秀品质内化为党员干部的思想行动。

1. 理论的深刻解读

红色经典作为中国共产党成立和发展过程中的重要组成部分，拥有独特的历史背景和理论内容，这些经典为人们提供了理论的富饶土壤，让人们更好地理解和传承党的建设和革命精神。每一个关键的历史节点、每一段战争或困境背后，都有与之对应的理论支撑，党校在教学过程中，应该着重对这些经典进行深入挖掘，让学员从中体验到党的理论创新和实践探索的历程，强化他们的理论自信。

2. 品质的凸显与传承

红色经典不仅仅是文字和事迹，它更是一个时代、一个民族不屈不挠、为了正义和理想而斗争的集体记忆，其所蕴含的品质——忠诚、勇敢、坚持和团结，是党员干部的宝贵财富，也是党的生命线。在党校教学中，这些品质不应该仅仅作为空洞的词汇来教授，而是要通过真实的历史案例，如燕京四君子的坚守、五四运动中的青春热血，将其具体化、形象化，使学员能够亲身感受到这些品质背后的深沉力量。同时，党校还可以结合现实，引导学员进行自我反思和自我超越，使他们在日常工作和生活中，真正将这些品质融入自己的行为和决策，成为一名合格的共产党员。

3. 情感的引导与激发

红色经典中的英雄事迹和感人故事不仅代表着历史，更是一种情感的沉淀，这种情感超越了时间和空间，成为连接过去和现在，党员与党的桥梁。如何将这种情感引导并激发出来，使其成为党员干部工作的动力和源泉，是党校在课程设计中需要重视的内容。故事中的人物，无论是领导者还是普通党员，他们所展现的忠诚、牺牲和英勇，都能引起人们深深的共鸣。党校应该通过多种方式，如影视、音乐、戏剧等，将这些故事生动地呈现出来，使学员不仅仅形成理智上的认同，更有情感上的投入和共情。此外，党校也可以组织实地考察和红色旅行，让学员亲身体验那段历史，增强他们对党的信仰和忠诚。

4. 行动的导向与激励

红色经典不仅是学习的内容，更是行动的导向，它为人们提供了在复杂环境中如何作出正确选择、如何坚守原则的参考。党校在课程设计中，应将红色经典与当前的实际问题相结合，引导学员将经典中的精神内涵转化为实际行动的动力。例如，面对当前的工作挑战和困境，要引导学员如何借鉴长征精神，坚持目标、团结合作、克服困难，取得最终的胜利。通过模拟演练、案例分析等方式，党校可以使学员更好地理解和运用红色经典，将其转化为实际工作中的行动指南，确保在各种情况下都能保持正确的政治方向和价值取向。

（二）创新红色经典研究方法

在红色经典的研究与党校课程设计中，创新方法是一种务实且必要的途径。通过创新教学和研究方法，既能够保留红色经典的核心价值，也能够更加符合现代教育理念和教学要求。

1. 多元化的教学方式

在红色经典的研究与教学过程中，多元化的教学方式是促进学员深度参与的关键。例如，线上的虚拟现实技术为人们提供了一种全新的学习体验，学员可以身临其境地"经历"红色历史，感受那个时代的气氛，与历史人物对话，这样的体验比传统的课堂教学更为生动和真实；

而混合式教学则将线上与线下的优点结合起来，既有面对面的交流，又有技术的支持，这种方式更适应现代快节奏、高效率的学习需求。

2. 案例化的教学内容

红色经典中的每一个事件、每一个人物都是一则鲜活的案例，这些案例中所蕴含的实践智慧和战略策略为人们提供了宝贵的经验教训。制作具体的教学案例，能够帮助学员更具体、更深入地理解红色经典中的思想和策略。例如，江泽民的"三个代表"理论，可以制作成具体的教学案例，通过对这一理论的深入探讨和实际应用，帮助学员更好地理解和运用。案例分析还可以锻炼学员的实际操作能力，让他们在分析问题、制定策略的过程中，真正地将红色经典与现实结合起来。在未来的研究与教学过程中，党校教育工作者应该持续关注新的教学技术和方法，不断创新，确保红色经典的传承不仅仅是口头的，更有形式多样、内容丰富的实际体验，使之真正落地，并得到广大党员干部的认同和实践。

3. 实践性的课程安排

实践性的课程设计是为了将红色经典的理论知识与现实生活紧密结合，帮助学员在真实环境中体验和实践红色文化的价值。学员可以通过参观博物馆、纪念馆等红色文化基地，以及聆听革命传统讲座等形式对党员干部加强党的先进性教育。[①]考虑到红色经典所蕴含的丰富实践智慧和战略策略，组织实地考察和开展社会实践显得尤为必要。例如，党校可以组织学员前往红色革命历史遗址，亲身体验那个时代的生活环境，听取历史见证人的讲述，感受革命先烈们的英勇斗志；还可以设计一些与当地社区或企事业单位合作的社会实践项目，让学员在具体的工

---

① 张坤：《高校红色基因传承与思想政治教育》，燕山大学出版社 2022 年版，第 124 页。

作中体验红色经典的精神内涵，将所学知识转化为实际行动，加深对红色经典的理解和体验。

4.跨界融合的研究角度

跨学科、跨领域的研究方法可以为红色经典注入新的活力，使其更具时代感和广泛性。例如，可以从社会科学的角度探讨红色经典中的集体行动策略，或从心理学的角度分析革命先辈的心理动机和决策过程。这些不同的学科视角不仅可以丰富红色经典的研究内容，还可以为学员提供一个全面、多角度的理解框架。此外，与现代社会问题的结合也是跨界融合研究的一个方向。例如，将红色经典与当前的社会管理、公共关系等领域结合，探讨如何运用红色经典的策略和智慧来解决现实中的问题，这将极大地提高红色经典研究的实用性和时代价值。

5.国际化的比较研究

红色经典虽然是中国革命的产物，但其背后所蕴含的普遍价值和人类普适性的情感，使其在全球范围内都有着广泛的影响力。通过与世界其他国家的革命或社会变革经历进行比较，人们不仅可以深入了解各国在革命过程中所面临的共同问题和挑战，还可以发现红色经典在不同文化和社会背景下的独特价值和意义。例如，将中国"农村包围城市"的革命策略与其他国家的城市起义、农村战争等经验进行比较，探讨不同的社会背景、文化传统和历史经验如何影响革命策略的选择和实施。国际化的比较研究还可以为人们提供一个更加开放、多元的视角，帮助人们理解和评价红色经典在全球历史和文化中的地位和价值，进一步推动红色经典的国际交流和传播。

（三）结合当前实际情况

红色经典研究在党校课程设计中，应深刻与当前社会发展的实际相结合。在全球化和国际政治经济格局中，红色经典展现出的价值观、策略和哲学成为解决当下多方面问题的理论基石，红色经典所包含的坚持信仰、自我奉献和克服困难的精神，在当前的国家治理和社会发展中仍然具有极大的启发性。

在党校课程中，要积极探讨红色经典在当下社会政治生活的应用和指导意义。例如，可以关注社会经济发展中出现的新问题、新挑战，并探讨在红色经典的指导下如何形成解决方案。强调红色经典在解决现实问题中的实际作用，可以帮助党员干部将理论学习和工作实践紧密结合，提升其理论修养和实际工作能力。党校教育要关注红色经典在不同领域和层面的实际运用，在国家发展战略、民生问题解决、社会矛盾调解、科技创新推进等方面，积极探讨红色经典如何提供理论支持和方法指导。通过具体案例分析，党校教育工作者要指导党员干部如何运用红色经典的基本原理，解决工作中的实际问题，以及在解决问题的过程中如何进一步丰富和发展党的基本理论。

在全球化的背景下，红色经典的国际影响也不可忽视。党校教育需要关注红色经典在国际交流和合作中的作用，以及如何利用红色经典展示党的良好形象和中国特色社会主义道路的价值。在新的历史条件下，红色经典的研究和教学，需要不断开拓创新，使之在新的历史阶段发挥出更加强大的生命力和引领力。

（四）跨学科的红色经典研究

将红色经典研究与多学科知识相结合，不仅能够丰富其研究视角和深度，也有利于提高党校课程设计的理论深度和实践相关性。红色经典涵盖了丰富的历史事实、人文精神和政治理论，而跨学科的研究方式将有助于党员干部更全面、更深刻地理解这些经典内容和精神。

利用历史学的视角，可以深挖红色经典事件的历史背景、发展过程和历史影响，从而更加全面地展现这些经典事件或人物在当时社会历史背景下的独特价值和重要意义。同时，也有助于党员干部更加真实、更加深刻地理解这些红色经典所蕴含的革命精神和价值理念。政治学和哲学的分析方法可以系统剖析红色经典中的政治理念、战略策略及其哲学基础，帮助党员干部深入理解党的理论和实践基础，并在实际工作中更好地运用这些理论和策略。社会学的研究视角能够帮助党员干部理解红色经典在社会变迁中的作用和影响，如红色经典对社会意识形态、社会结构、社会关系等的影响，有助于党员干部更好地把握红色经典与社会发展的内在联系。红色经典中蕴含着丰富的政治智慧和人文精神，而跨学科的研究方法能够更好地挖掘这些内涵，更为深入地探讨其在当前社会的实际意义和应用价值。党校在课程设计过程中，可以充分利用多学科交叉的研究成果，将理论教学与实践要求紧密结合，使党的理论教育更加丰富、更加生动、更有针对性。

三、党校实地教学与红色遗址的结合

红色遗址是中国共产党领导中国人民在革命、建设和改革过程中遗留下来的文化遗产，包括党的重要机构、会议旧址，重要党史人物故居、旧居或者墓地，重要事件的遗址，各类纪念馆、展览馆等纪念设施，等等。[①]结合红色遗址的实地教学在党校教育中占有非常重要的位置，因为这种教学方式能够使红色文化和红色精神直观和深刻地展现。

---

① 金文斌、方伟、崔龙健：《红色文化融入高校思想政治理论课教学研究：以中国近现代史纲要课为例》，安徽师范大学出版社 2021 年版，第 81 页。

实地教学不仅能够让学员更加深刻地理解红色文化和革命精神，而且能够切实提高党校的教学质量和效果。红色遗址作为革命历史的见证，承载着党和人民的光辉斗争历程，是传承红色基因、弘扬红色传统的重要场所。红色遗址与党校实地教学的结合，可以从以下五个方面进行拓展和实施。

（一）遗址的历史教育价值挖掘

红色遗址作为中国革命的历史见证，包含着深刻的革命文化和精神价值，其教育价值不仅体现在传承革命精神上，也在于通过讲述生动的革命故事，引导党校学员更加深刻地理解党的光辉历程和伟大斗争精神。

深度挖掘红色遗址的教育价值，需要基于大量的历史研究，从多个角度和层面解析革命历史事件的内在联系和深远影响。例如，通过讲述红色遗址背后的英雄事迹，展现革命先烈的崇高品质和伟大奉献，从而引发学员的思考和情感共鸣。

研究红色遗址的历史价值并不仅仅是对历史的回溯，更应该着眼于如何将这些价值与现实相结合，为当代社会主义建设提供启示。在党校教育中，历史价值的挖掘可以通过组织实地学习、开展专题讲座、制作纪录片等多种形式进行，从而在学员中广泛传播红色文化，引导他们在理论学习和实际工作中不忘初心、牢记使命，继续传承和发扬红色文化。

（二）创新实地教学方法

在红色遗址的实地教学中，现代化教学方法能够极大增强教学的生动性和实效性。例如，应用虚拟现实技术，党校教育工作者可以将学员带入一个仿佛亲临其境的革命历史场景中，使他们能够更直观地感受到革命先辈的英勇斗争和艰苦奋斗。又如，设计互动体验环节，开展现场角色扮演、模拟辩论、实地探讨等活动，可以使学员们在实地学习中更加主动，更加深刻地体验和理解红色文化的精神内涵。同时，这些创新方法还能够引发学员之间的交流与碰撞，激发他们的思考，帮助他们在实践中获得更多的启发和感悟。这样的教学方式不仅使红色文化的传承变得更加生动有趣，而且有助于增强学员的实践能力和团队协作能力，将红色文化更好地融入他们的思想行为中。

（三）制定科学合理的教学方案

在党校的实地教学中，如何确保教学内容的科学性和合理性，以及如何确保教学过程的有序性和效果，均取决于一个科学合理教学方案的制定与执行。教学方案的制定需要明确实地教学的目的、内容、方式和要求，这包括确定教学的具体目标、教学涵盖的主要内容、教学采用的主要方法、教学时间的分配、教学环节的设置等。

特别需要注意的是，实地教学方案需高度关注理论与实践的紧密结合。学员亲身体验红色遗址，感悟红色文化，将理论学习与实地体验有机结合起来，能够使他们在感性认识的基础上进一步加深对党的理论和历史的理解。实地教学方案还须保持一定的灵活性，以适应不可预测的现场情况，确保教学目标的顺利实现。

（四）加强与红色遗址管理部门的合作

为了充分挖掘和利用红色遗址的教育价值，党校与红色遗址管理部门的合作显得尤为重要，这一合作关系可以从研究、开发教学资源，共享教学成果等方面展开。具体来说，党校可以与红色遗址管理部门共同进行有关红色遗址的历史研究，共同开发适合不同层次和不同类型学员的教学资源，如开发一些教学用的纪录片、制作一些教学用的展板、出版一些教学用的图书等。在此基础上，双方还可以协同策划和组织各类教育活动，如红色主题教育活动、纪念活动等，共同推广红色文化和红色精神。这不仅有助于党校学员更加深入、全面地学习和理解红色文化，也有助于红色遗址更好地发挥其宣传教育功能，进一步提升其社会影响力和文化价值。

（五）评估与反馈

实地教学的评估与反馈环节是对教学过程和效果进行检视与修正的关键环节，这一环节的目的在于通过全面、系统的评估和反馈机制，洞察实地教学中存在的优点与不足，以便为今后的教学提供改进的方向和依据。

评估环节应涵盖诸多方面，如教学内容的合理性、教学方法的有效性、教学过程的流畅性、学员的学习效果，以及教学目标的实现程度等。党校教育工作者特别要关注学员在实地教学中的学习参与度、理解程度、实际操作能力及其所获取的知识技能与之前的理论学习是否相结合等方面，以便准确把握实地教学的实际效果。

反馈环节主要集中于收集学员和教师的意见与建议，这可以通过问卷调查、小组讨论、面谈等多种方式进行。重点关注学员对教学内容、教学方法、教学组织和实地教学环境等方面的反馈，以及教师在教学过程中观察到的问题和建议，评估与反馈的结果需要转化为改进实地教学的实际措施。党校要根据评估与反馈的信息，及时调整教学方案、优化教学方法、完善教学组织，不断提升实地教学的质量和效果。

通过在实地教学中融入精确而细致的评估与反馈环节，党校将不断优化教学过程，更好地推动学员在理论学习与实际操作之间构建桥梁，从而使学员更加深入地理解和体会红色文化，真正实现党校教育的目标。

第二节　红色文化对党员干部的滋养与教育

在砥砺前行的新时代征程中，红色文化以其坚定的理念和深厚的精神内涵成为激励党员干部不断奋进的重要精神支柱。本节从红色文化的教育意义与价值出发，阐述党员干部对红色文化的认知与实践，以及其在党员干部培训和队伍建设中的应用，旨在深入剖析红色文化在党的建设和党员干部工作中的核心地位及实践价值。深化党员干部对红色文化的理解，推进其在当代党员干部工作中的生动实践，使党员干部在新的历史征程中更为坚定地扛起时代赋予他们的伟大使命。

一、红色文化的教育意义

红色文化深刻蕴藏着中国共产党历史的伟大奋斗和崇高精神，构成了党的精神支柱和价值取向。教育意义凸显在以下三个方面。第一，弘扬红色文化能够使党员干部更加深切地理解党的历史、理论和党的基本路线。其中，丰富的历史事实和革命先烈的英勇事迹，成为教育党员干部坚定理想信念的重要素材。第二，红色文化在教育党员干部增强"四个自信"方面具有不可替代的作用，特别是在新时代背景下，在坚持和发展中国特色社会主义、推进社会主义现代化建设方面，红色文化为党员干部提供了价值引领和精神动力。第三，红色文化激发党员干部保持和弘扬中国共产党人的优良传统和作风，如真理性、实事求是、群众观点和群众路线，这对于加强中国共产党的党风廉政建设和反腐败斗争具有重大意义。

　　红色文化所包含的丰富的历史资源和精神内涵，在党的建设新的伟大工程中，应当得到更加充分和深入的挖掘与传承。党员干部是红色文化传承的重要力量，通过学习红色文化，党员干部能够更好地坚定理想信念、提高政治觉悟、强化"两个维护"的自觉性和坚定性，这对于确保中国共产党始终是中国人民最可靠的主心骨具有不可估量的价值。

　　在实践中，红色文化教育的深入推进，不仅需要依托书本、课堂等形式，还应积极探索多种多样、生动活泼的教育方式，如红色教育基地的建设与利用、红色主题活动的组织等，充分挖掘红色文化内涵，让红色文化在党员干部中深入人心，成为推动他们奋勇前进的强大精神动力。

二、党员干部对红色文化的认知与实践

　　在新时代文化强国的背景下，党员干部对红色文化的认知与实践不仅是一种历史的回顾和理论的学习，更是一种精神的传承和实际行动的引领。红色文化中蕴含的坚定信仰、英勇斗争与无私奉献的精神，成为党员干部在新的历史时期坚定理想信念、保持政治本色的重要精神支撑。

　　对红色文化的认知涵盖了对中国共产党的历史、理论、路线、纲领、经验和风格等多方面的深入理解和内化。在实践中，认知应从理论上升到信仰，即通过对红色文化的学习，党员干部要不断增强共产主义信仰和社会主义信仰，增强党性修养，继续发扬党的光荣传统和优良作风。红色文化的实践表现为党员干部在工作与生活中，能够把红色文化的精神内涵具体化、行动化。对于党员干部来说，实践红色文化体现在要用党的基本理论武装头脑、指导实践、推动工作，这涉及将红色文化中的革命精神、革命理想转化为推动工作的具体力量，体现在推动各项

事业发展的先锋模范作用上。

更具体而言，党员干部在工作中，能够紧紧依靠人民群众，发扬艰苦奋斗、锐意进取的精神，始终保持与人民群众的血肉联系；在学习中，能够不断深入学习党的基本理论、基本路线、基本方略，不断提高自身的政治觉悟和政治能力；在生活中，能够自觉用党的基本理论和红色文化来指导自己的言行，始终保持共产党员的高尚品质。

而在当前国际国内形势复杂多变的大背景下，红色文化的认知与实践也显得尤为关键，有助于党员干部增强"四个意识"、坚定"四个自信"、做到"两个维护"，在具体工作中做到理论清晰、方向明确、方法得当，推动中国特色社会主义事业不断前进。

三、红色文化在党员干部培训中的应用

红色文化作为一种特殊的文化形态，富含深刻的历史哲学内涵，是党的光辉历程和伟大斗争精神的集中体现。在党员干部培训中，红色文化的应用不仅能加深他们的理论认知，更能在精神层面使他们铸就坚定的理想信念。以下三个关键的知识点阐述了红色文化在党员干部培训中的深度应用。

（一）灌输理论与精神内涵

红色文化深刻地融合了中国共产党领导的中国革命的理论与精神实质，在党员干部的培训中，这一文化理念具有至关重要的作用。理论与精神内涵的灌输，不仅是提供知识的过程，也是一种价值观的塑造和灵魂的洗礼。红色文化中的故事和理论，代表着革命先辈的英勇与智慧，传递着革命的火炬，形成了一种可以激发党员干部坚守信仰、砥砺前行的力量。

培训中的故事、案例与材料，极大地丰富了教学内容，它们不仅带有深厚的理论性，而且涵盖了丰富的实践经验，成为引发党员干部深入思考和内心触动的源泉。这些故事与材料的引入，帮助党员干部在感性认识与理性认识之间找到平衡，更深入地理解和体验党的理论与革命精神的真谛。红色文化所承载的革命理论和革命精神，使得党员干部不仅能在理论学习中获取知识，更能在情感上得到触动和升华，它激发的不仅是认识层面的理解，更是情感与价值的共鸣。这种精神内涵的灌输方式，促使党员干部在各种复杂的实际工作和政治生活中，始终能够坚守初心，保持信仰的坚定，维护党的纯洁性，并在新时代的伟大斗争中，发挥先锋模范的作用。

红色文化的灌输与传承，依托的不仅是文字与语言的表达，还需要借助多种形式和方法的创新，如现场教学、情境体验、案例分析等，使之更为生动、感人，进而实现对党员干部从思想深处的影响与教育。

（二）强化党性培训实效性

红色文化拥有丰富的资源和深厚的底蕴，为党性培训提供了独特而珍贵的教育资源。在党性培训中融入红色文化，不仅是一种理论传授，更是一种情感的沟通和价值观的引导。通过红色文化的学习和体验，理论学习与情感体验得以有机结合，进一步提高了党性培训的实效性。

在党性培训实施过程中，红色文化的加入起到了"活水"的作用。那些深刻的历史故事、感人的英雄事迹及其背后所蕴含的坚定理念和崇高精神，成为培训中不可或缺的一部分，这些内容能够增强培训的感染力和影响力，使党员干部在进行理论学习的同时，能够更加深刻地感受到革命先辈的英勇和坚守，进一步坚定自身的理想信念。红色文化中的案例分析，可以让党员干部在理解和学习党的理论知识的同时，将这些知识应用于实际工作，极大地提高了培训的实用性和操作性。通过对具体历史事件和英雄事迹的剖析，党员干部能够更直观地理解党的理论和方针政策，并将其运用到具体实践中，加强理论与实践的密切结合。

红色文化还强调集体的力量和团结协作的重要性。在党性培训中，党校教育工作者可以通过团队协作的方式，模拟红色文化中的典型事件，如合作完成一项任务或解决一个问题，使党员干部在实践中理解和体验到集体的力量，并进一步强化团队协作的能力。更为重要的是，红色文化在党性培训中的应用，也有助于培育党员干部的道德情操和政治品格。通过学习红色文化，他们能够更加深刻地认识到党的光辉历史和革命先辈的伟大事迹，从而在思想上得到升华，在情感上得到熏陶，在道德上得到提升。

（三）实践教育与能力提升

红色文化作为一种深刻的政治文化和革命文化，其在党员干部培训中的应用并非仅限于理论传达和情感共鸣的层面，实践教育与能力提升同样是红色文化教育不可忽视的一环，特别是在培养党员干部的实践操作能力和组织协调能力方面。

通过红色文化实践活动，如参观红色教育基地、体验革命先辈的生活等，不仅能够让党员干部更加直观、深刻地理解红色文化所蕴含的深刻理论和精神，同时也是一种实践教育的体现。在这一过程中，党员干部可以直接接触到革命文化的物质载体和精神内涵，以一种更为生动和直观的方式体验红色文化的魅力，并在体验中培养自身的能力。实践活动中的组织协调、任务分配以及协同合作等环节，无疑成为检验和提升党员干部能力的实际场景。在这些实践活动中，党员干部需要将理论知识转化为实际操作能力，体现出较强的问题发现能力、问题解决能力和组织协调能力，这些能力在日后将对提升工作效能、促进团队协作发挥至关重要的作用。

红色文化中的英雄模范和先进事迹可以作为党员干部实践教育的参照和引导。在实践过程中，党员干部要不断对照先进典型，以之为榜样，旨在通过不断学习和实践，逐渐将这些先进的行为和精神内化为自身的一种习惯和本能，提升自身的政治觉悟和实践能力。实践活动中的困难和挑战也是检验和提升党员干部能力的重要环节，如何在面对困难和压力时坚持原则、解决问题、团结队伍，是考察其政治定力和组织协调能力的实际体现。通过解决在实践中遇到的问题，党员干部可以在实战中检验和提升自己的能力，不断完善和优化自己的工作方法和手段，增强自身的工作实效。

四、革命传统教育与干部队伍建设

革命传统教育不仅是培养和造就干部队伍的重要方式，也是保障党的建设新的伟大工程顺利推进的关键保证。在新的历史时期，要进一步深化对革命传统教育的理解，创新教育方式方法，将革命传统与现代化建设更加紧密地结合起来，引导广大党员干部继续向革命先辈学习，将红色基因传承好、发扬好，为实现中华民族伟大复兴提供坚强的精神支柱和组织保证。

（一）坚定理想信念，做到"两个维护"

理想信念作为党员干部的精神支柱，是推动其保持先进性、确保党的团结统一和党同人民群众保持血肉联系的重要力量。革命传统和红色文化，作为中国共产党的精神宝库和情感纽带，寄托了党的奋斗历程和英雄先烈的伟大精神。

红色文化的学习与体验，使得党员干部能够更为深刻地理解和感知党的光辉历史和革命先烈的伟大精神，进而将这些内容转化为强大的思想动力和行动指南。通过深入研读党的发展史和革命历史，体验革命先辈的奋斗历程，党员干部将更为明确自身的历史使命和责任担当，在此基础上，党的理论和路线方针政策也将得到更为深刻的理解和更为坚定的执行。在弘扬和学习红色文化的过程中，"两个维护"——即坚决维护习近平总书记党中央的核心、全党的核心地位，坚决维护党中央权威和集中统一领导——将成为党员干部坚定理想信念的具体体现。这不仅体现在遵守党的纪律、执行党的决定的具体行动中，更体现在思想上、政治上、行动上与党中央保持高度一致的自觉行动中。

通过把红色文化和革命传统教育融入党员干部的日常学习和工作中，党员干部在领会和实践"两个维护"的过程中，不仅要学习革命先辈的坚定信念和英勇斗争，更要在当今的新时代条件下，根据党的新理论和新实践，不断丰富和拓展"两个维护"的实践内涵和行动路径，确保党的理论和路线方针政策在新的实践中得到更为有效的贯彻和执行。党员干部在坚定理想信念和做到"两个维护"上的实践，将成为党的理论和政策在新时代得到更好贯彻的重要保障，也将推动党的事业不断从胜利走向新的胜利。

（二）增强党性修养，锤炼党性品质

党性修养指的是党员干部在政治理论、政治方向、政治立场、政治原则等方面的修养，它是党的生命线，也是党员干部的基本素养。革命传统教育不仅是一种理论学习，更是一种价值引领和精神熏陶，它能在党员干部中营造一种尊崇英雄、学习英雄、争做英雄的浓厚氛围。

革命先辈身上所体现出的崇高品质和英勇事迹，应成为党员干部党

性修养的重要教材，那种为了人民利益和共产主义事业而英勇奋斗、无私奉献的精神，值得每一位党员干部深刻体会和学习。通过深入学习革命先辈的伟大事迹，对标革命先辈的崇高品质，党员干部可以在对比中找到自身的不足，在反省中发现自身的差距，进而明确自身在党性修养方面需要强化的地方。

锤炼党性品质，要求党员干部时刻保持对党的忠诚和对人民的忠诚，始终与党和人民保持高度一致。在具体工作中，锤炼党性品质要求党员干部严于律己，任劳任怨，永葆中国共产党人的初心和使命，永葆为人民服务的根本宗旨。在当今的新时代条件下，锤炼党性品质也要求党员干部善于运用马克思主义立场观点方法分析和解决问题，更好地将党的基本理论、基本路线、基本方略学深悟透、运用自如。在增强党性修养、锤炼党性品质的过程中，党员干部也要高度重视党性教育的实践性。也就是说，党性教育不仅要体现在课堂学习中，更要体现在党员干部的实际工作和生活中，要让党员干部在具体的工作实践中学习如何更好地运用党的基本理论指导工作、解决问题，如何在处理人民群众利益问题上更好地体现党的宗旨，如何在具体工作中更好地体现共产党人的精神面貌。

进一步增强党性修养、锤炼党性品质，不仅要体现在党员干部个体上，还要体现在整个党组织和党员干部队伍中。党校教育工作者要通过深入开展党性教育，进一步加强党的组织性和战斗力，确保党始终成为中国特色社会主义事业的坚强领导核心。

（三）塑造工作风格，提高工作效能

革命传统教育不仅具有丰富的理论内涵和精神价值，同时它也蕴含了一种独特而深刻的工作方法和工作风格。革命先辈在艰苦的斗争环境

中形成了严于律己、艰苦奋斗的工作风格，这种风格在如今具有极其重要的教育价值和示范作用。

1. 吸取革命先辈的工作风格

革命先辈通过实际行动展示了什么是共产党人的工作风格：他们严于律己，从不寻求个人的私利；他们实事求是，没有脱离群众的官僚主义工作风格；他们密切联系群众，始终把人民群众的利益放在第一位。在今天的工作中，党员干部应深入挖掘这些宝贵的精神财富，形成学习和效仿的具体案例。

2. 严于律己，艰苦奋斗

在现实工作中，党员干部应始终保持一种严于律己的精神状态，这不仅表现在对待工作的态度上，还表现在对待生活、对待同事的态度上。艰苦奋斗不是指刻意追求生活的艰苦，而是一种在工作中追求卓越、在困难面前不屈服的精神风貌。

3. "三严三实"的工作风格

"三严三实"，即严以修身、严以用权、严以律己，谋事要实、创业要实、做人要实，这是对当代党员干部工作风格的具体要求。党员干部要学会在实际工作中运用这一要求，做到言行一致、干净做事、清正用权。

4. 提高工作的科学性和效能

工作的科学性体现在党员干部能够运用科学的理论和方法指导工作，做到合理布局、有的放矢。工作的效能则体现在党员干部能够通过合理、科学的方法提高工作效率，做到用最少的人力物力获得最大的工作效果。

5. 推动工作落地生根

所有的工作要目的明确，力求实效。只有把每一项工作、每一个项目都做实、做细、做深入，才能确保工作的落地生根，才能确保党员干部的工作真正服务于人民，受到人民的认可。

（四）弘扬斗争精神，增强"四个意识"

弘扬斗争精神，深挖革命先辈坚定信念、无私奉献的故事资源，不仅是为了缅怀历史，更是为了将这种精神传承下去，并在当前的党员干部队伍中得以体现和延续。伴随着社会的发展和时代的变迁，党员干部更需要坚持党的初心和使命，不忘历史，紧跟党中央，展现新时代的党员干部形象。

在当前的工作中，斗争精神意味着面对困难不退缩、在关键时刻敢于担当。革命先辈用生命和热血书写了一部部英勇斗争的篇章，他们那种顽强不屈、百折不挠的斗争精神，对今天的党员干部依然具有极大的启示和教育意义。在新的历史条件下，党员干部要将这种精神内化为推动工作的不竭动力，特别是在遇到困难和压力时，更要坚定信念、毫不动摇。

"四个意识"是党员干部在政治上坚定立场的体现。增强政治意识，就是要始终坚持党的领导，始终把党的事业看作最高的事业；增强大局意识，就是要求党员干部站在整体情况的高度上，考虑和处理问题，不拘泥于局部和个别；增强核心意识，就是要求党员干部始终维护党中央权威，保证在思想上、政治上与党中央保持高度一致；增强看齐意识，就是要求党员干部做到在行动上、执行上严格遵循党的决定和规定。

弘扬斗争精神和增强"四个意识"是相辅相成的，弘扬斗争精神，需要党员干部在实际工作和生活中不畏困难、敢于担当，始终保持一种为党和人民的利益而斗争的精神状态。而"四个意识"是这种精神状态的政治保证，党员干部只有在政治上站稳脚跟，始终与党中央保持高度一致，才能够确保这种斗争精神得以充分发挥。

在实践中，党员干部要将革命先辈的故事和精神同党中央的要求结合起来，深入学习、深入理解、深入实践，不断用党的创新理论武装头脑，引导党员干部在新时代的伟大斗争中，充分发挥斗争精神和增强"四个意识"，为实现中华民族伟大复兴而不懈奋斗。

（五）构建学习机制，打造学习型队伍

实现党的长期执政和中华民族伟大复兴，必须依靠一支学习型的干部队伍。在新的历史条件下，建设一支政治坚定、业务精湛、作风优良的干部队伍，构建学习机制是关键一环。其中，红色文化和革命传统教育将扮演举足轻重的角色，它不仅能够激发党员干部的爱国热情，也能够为他们提供实际行动的指引。

1. 常态化学习机制

构建学习机制的首要目标便是实现学习的常态化，党校可以通过制定定期学习计划、组织专题学习、开展线上线下的学习活动等方式，确保党员干部能够持续、有序地学习党的理论和红色文化。这种常态化的学习机制有利于构建一种长期、稳定的学习氛围，并培养党员干部持续学习、主动学习的习惯。

2. 制度化学习保障

制度是学习的保障，只有建立健全的学习制度，确保党的理论和红色文化教育深入人心、落到实处，才能够确保党员干部学习成效的持久和稳定。制度化学习不仅体现在学习的内容、方式、时间上，还体现在

学习效果的检视和激励机制上。例如，党校教育工作者可以通过制定明确的学习计划、检测学习效果、对学习成果进行表彰等方式，来鼓励和激发党员干部的学习热情和主动性。

3. 结合实际应用

理论学习与实际工作的结合是检验学习效果的重要标准，党员干部在学习过程中，要善于把学到的理论知识运用到具体的工作中去，不断通过实践来丰富和发展理论，同时也通过理论来指导和提升工作。在这一过程中，红色文化的教育意义得以进一步体现和发挥，党员干部的工作能力也得到进一步的提升和锤炼。

4. 创建互动交流的平台

学习不应该是封闭的、单一的，要鼓励党员干部之间的交流和互动。例如，可以建立学习交流的平台，组织学习心得分享会，鼓励党员干部在学习中互相启发、互相鞭策，形成良好的学习氛围和集体互动机制。

第三节 党校传承红色文化的策略

党校在红色文化的传承中起到了桥梁和纽带的作用，通过不同层面和形式的实践和策略，将红色文化更好地融入党员干部的培训教育中，为党的事业发展培养合格的干部人才。

一、党校与红色遗址的合作模式

党校与红色遗址的合作是红色文化教育的一种重要形式，也是连接理论学习和实践体验的桥梁。这种合作模式能让党校学员在学习中更好地理解和体验红色文化，从而增强理论学习的感染力和实效性。

（一）资源共享

在红色文化的传承与发扬中，资源共享不仅是一种策略，更是一种智慧，党校与红色遗址的资源共享，涉及双方在物质、信息和人力资源方面的相互借鉴和利用。红色遗址作为革命历史的见证，拥有丰富的实物资料和深厚的文化内涵；党校侧重理论教育和人才培养，拥有一批政治理论水平较高的专业人才和一套相对完善的教育培训体系。这种合作模式不仅可以让党校在理论教育中充分利用红色遗址的资源，增强教育的实际感染力和历史针对性，红色遗址也可以借助党校的平台，进一步推广红色文化，丰富其文化内涵的理论深度和广度。具体而言，党校可以运用红色遗址的丰富历史资料和实物证据，为党员干部提供更直观、更生动的学习体验；红色遗址则可以借助党校的理论研究和人才优势，进一步探讨和总结红色文化的核心价值和传承方式。

资源共享在实际操作中还体现在双方活动的联动。例如，在纪念重要革命历史节点时，党校可以组织学员到红色遗址开展实地学习活动，红色遗址也可以邀请党校的专家学者，进行相关主题的学术讲座或研讨活动，双方在内容开展和资源利用上形成合力，共同推进红色文化的研究和传播。资源共享还包括科技手段的利用。在智能化、网络化的条件下，党校和红色遗址可以借助多媒体和网络平台，共同建设红色文化的线上学习平台，拓宽党员干部学习的渠道和形式，使红色文化的教育不受时间和空间的限制，更加便捷地走进他们的生活。

在资源共享的过程中，党校与红色遗址双方需要建立稳定的合作机制，明确资源共享的范围、形式和管理制度，确保共享的资源能够得到充分而有效的利用，共同推动红色文化的传承和发展。

（二）课程融合

课程融合是以实质性的红色文化教育为核心，通过精心设计的教学方案，让党校教育与红色遗址的教育资源有机结合，实现教学目标与资源的最大化利用。

红色遗址本身就是一本厚重的历史教科书，它蕴含着丰富的革命历史素材和独特的革命精神，党校在课程设计中，要充分挖掘和整理红色遗址的这些宝贵资源，通过讲解、案例分析、体验式学习等方式，让红色文化的精髓渗入党校的各类教育教学活动。在实地考察的活动中，可以设计丰富多样的学习任务和环节，如组织党校学员深入红色遗址现场，引导他们关注红色遗址所展现的革命精神和英烈事迹，思考在当前社会背景下，这些革命精神的现实意义和价值。在此基础上，学员可以通过写作、讨论等形式，分享自己的学习感悟和体会，将理论知识与实际体验有机结合。

课程融合也可以体现在线上教学中，借助网络技术和多媒体手段，红色遗址的实物展品、革命历史资料等可以以数字化的形式展现给学员，成为网络教学的重要资源。例如，制作红色遗址的虚拟展览和在线教学视频，构建红色文化的网络学习平台，服务于党校的远程教育和自主学习。课程融合还需要注重实际效果的检验和评估。党校要建立健全课程融合效果的评估体系，通过问卷调查、学员访谈、成果展示等方式，了解课程融合的实施情况和效果，为进一步优化教学方案和提高教学质量提供参考。

在这个过程中，红色文化不仅是被传承的对象，也是指导党校教育实践的价值理念，其能确保党校教育始终坚持正确的政治方向和价值取向，培养出忠诚、敢于担当的党员干部。

（三）实践教学

实践教学在红色文化传承与教育中是一个不可或缺的角色，特别是在党校教育体系中。红色遗址作为革命历史的直接见证，向每一位参观者述说着那段艰苦卓绝的岁月与革命先辈的卓越贡献。党校安排学员定期前往红色遗址参观学习，不仅使他们亲身体验了革命历史的严肃，而且使他们更深刻地理解和感悟革命精神的内涵和价值。在这一过程中，实地考察成为理论学习与实际经验相结合的桥梁，使党员干部将红色文化的核心价值与党的理论知识紧密融合。这不仅能够促使学员深入思考历史与现实的关系，也能够引导他们在未来的工作实践中，将红色文化精神与日常工作融会贯通，为推动社会主义现代化建设贡献更多的智慧和力量。通过红色遗址的实践教学，党校学员能够将理论知识与实际体验相互融合，更加坚定"四个自信"，在日后的工作中，也能够始终保持与党中央保持高度一致，不忘初心、牢记使命，为实现中华民族伟大复兴而努力奋斗。

（四）教育研究

结合红色文化的教育研究，党校能够在党员干部的培训和教育中实现理论与实践的深度融合，提升红色文化教育的理论水平和实践效果。

红色文化作为中华民族的宝贵财富和中国共产党的精神支柱，其教育研究的重要性不言而喻。在此基础上，党校与红色遗址的合作便能够在教育研究方面找到一种协同的、有益的方法。具体来说，党校可以通过发挥其在理论研究方面的专业优势，对红色遗址中的历史材料和实物进行深入的研究与探讨，从而丰富党的理论体系和党校的教育教学内容。同时，红色遗址也可以依托党校在理论研究方面的成果，丰富并升华红色文化的展示内容和教育形式，使之在未来的红色文化传承中发挥更为积极和深远的影响。红色文化的教育研究还可以帮助党校和红色遗址在红色文化教育的方法、手段、内容、形式等方面寻找到更为科学、系统、创新的路径，推动红色文化教育的现代化进程，使之在新的时代背景下焕发更为鲜明的时代光芒。

在这一过程中，党校和红色遗址不仅能在各自的领域中得到相应的提升和发展，而且还能在推动党的理论创新和红色文化传承方面发挥更为重要的作用，为社会主义现代化建设提供更为坚实的理论支撑和精神动力。

二、红色文化研讨会与学术交流

红色文化研讨会和学术交流是党校在红色文化传承中不可或缺的部分，它旨在通过专业的研讨和交流，推进红色文化研究的深入发展，提高党校红色文化教育的水平。

（一）丰富学术研究

专家学者在红色文化研讨中提炼与阐述理论，能够透彻解析红色文化中蕴藏的丰富内涵与价值。红色文化包含着中国共产党的独特理论体系、实践哲学和精神财富，其涵盖的不仅是历史事实，更是一个民族的精神坐标和文化认同。党校在组织红色文化研讨会时，须关注革命历史中的核心价值，逐步构建与现代社会发展相协调的理论体系，助力构筑当代社会的文化自信。进一步将这些理论和价值观深植党校的教育教学之中，不仅是对过去的致敬，也是对未来的引领。

（二）拓宽学术视野

国内外学术界对红色文化的理解和研究展现出了多元化的特征，这些理解与研究在理论深度和广度上各有特色，其中蕴藏的多种学术视角和解释模式值得党员干部充分关注与学习。党校在推动红色文化的研究与传承中，不仅要关注本土的研究进展，更要着眼国际视野，学习借鉴世界各国在类似文化传承与发展的研究中的理论构建与实践经验。这样不仅有助于更全面地把握红色文化在全球化语境下的定位与价值，也有助于丰富和创新党校在红色文化教育中的理论体系和实践方法。同时，在国际交流中，党校还能够介绍和展示中国共产党和中国人民在革命、建设和发展过程中形成的独特文化与智慧，加深外界对中国特色社会主义文化的理解与认知。

（三）促进交流合作

在红色文化研讨会与学术交流的舞台上，党校必须担任积极的角色，充分挖掘自身在促进学术交流合作方面的巨大潜能。通过建立一个开放的学术交流平台，党校可以促进各个学术机构、研究机构和高校之间的广泛联系与合作；通过组织各类学术活动、研讨会和论坛，党校可以推动与其他研究机构、高校的合作，联手推进红色文化的研究和传承。在这样的合作交流中，党校不仅能丰富本身在红色文化领域的学术储备，也有助于发掘更多关于红色文化的新视角和新问题，进而促进党校红色文化研究和教育工作的不断深化和拓宽。

（四）推广研究成果

推广红色文化研究成果至关重要，这不仅是为了让更多的人了解红色文化、认识红色文化，更是为了让红色文化的精神内涵和实践价值在更广阔的领域得到传播和应用。党校可以通过各种形式和渠道，如出版物、网络平台、讲座等，将红色文化的研究成果推广到更广泛的范围，从而增强红色文化的社会影响力和时代价值。这样的推广不仅有助于增强社会各界对红色文化的了解和认识，也有助于提升红色文化在当代社会的生命力和影响力，更好地发挥其在精神文化建设中的重要作用。同时，推广过程本身也将给予党校更多的反馈和启示，为其后续的红色文化研究和教育工作提供更多的素材和方向。

三、党校学员的红色文化实践活动

党校学员的红色文化实践活动是理论学习与实际操作相结合的重要环节，也是提高学员综合素质的有效方式。

（一）实地学习

实地学习活动能够将党校学员带入红色遗址和红色基地，让他们亲身体验那段革命历史，感受那些革命先烈的英勇与坚定。在这些充满红色文化的地方，学员不仅能够通过聆听、观看、触摸，直接感知那些发生在革命时期的历史事件，也能够更加直观、更加深刻地理解红色文化背后所蕴含的深厚的理论内涵和实践价值。实地学习不只是单纯的参观学习，更是一种文化的体验和认知的过程，学员在这个过程中，能够通过直接与红色文化接触，增强自身对红色文化、革命精神的理解和认同。

（二）实践项目

通过设立与红色文化相关的实践项目，党校学员有机会在实际操作中学习和运用红色文化。红色文化的传承、宣传、保护等实践项目不仅能够让学员将理论知识转化为实际行动，更能够让他们在操作过程中发现理论与实践之间的差异，及时修正和补充理论知识，更好地理解和把握红色文化的精髓。例如，党校可以组织学员参与红色文化遗址的保护项目，让他们在实践中感受到文化保护的重要性和紧迫性，也让他们了解到文化保护工作的复杂性和多元性，提高他们在未来工作中处理类似问题的能力。这样的实践项目既丰富了学员的实践经验，也让他们在动手操作中更好地理解和领悟红色文化的实际价值和意义。

（三）文化体验

红色文化体验是指党校学员深入参与各类艺术表演、展览和讲座等多种活动，以红色文化为核心内容，通过生动丰富的表达形式，为党校学员提供一种更直观、更感性的学习方法。红色文化艺术表演通常汲取革命历史中的英雄事迹或重大历史事件为创作素材，以戏剧、音乐、舞蹈等多种艺术形式为载体，生动展现革命先辈的英勇事迹和革命精神；红色文化展览通常通过图片、文物、影音资料等多种形式展现红色文化的多个方面，让学员们能够在视觉、听觉等多个层面上直观地感知红色文化的魅力和深度；红色文化讲座则通常邀请红色文化研究方面的专家学者，通过深入浅出的讲解，引导学员们深入理解红色文化背后的历史背景和理论内涵，为学员提供更为丰富和系统的红色文化学习内容。

（四）社会服务

将红色文化的学习与社会服务相结合，强调在服务中学习，在学习中服务，是党校学员将红色文化内化为自身实际行动的重要途径。在社会服务活动中，党校学员可以将红色文化的学习成果应用到具体的实践中，如通过参与志愿服务活动将红色文化传承到基层，或者通过组织红色文化主题的社会活动，将红色文化的精髓和价值观念推广到更广泛的社群。在这一过程中，党校学员不仅能够将对红色文化的学习转化为具体的社会行动，实现理论与实践的有机结合，而且在服务的过程中，他们也能够进一步深化对红色文化的理解和认识，使红色文化成为他们日常生活和工作中的实际行动导向。同时，通过社会服务，红色文化也能够得到更为广泛的传播和实践，形成良好的社会影响。

第五章
红色文化在现代经济中的保护与传承

第一节　红色遗址的经济转化与保护

红色遗址在国家和民族的历史文化中占有不可替代的地位，如何在保护和利用之间取得平衡，实现红色文化在现代社会中的传承与发展，是每一个社会成员需要思考的问题。在面向未来的同时，人们不应忘记过去，而是要通过各种方式将红色文化的核心价值观贯穿到社会的各个层面，成为指导现代社会发展的重要力量。

一、红色遗址的旅游潜力

红色旅游作为一种特殊形式的文化旅游，蕴含着丰富的历史文化内涵和特殊的意识形态意义。红色遗址在当下已经不仅仅是一种纪念和敬仰的方式，更成为一种具有深刻历史文化体验的旅游形式。旅游者在参观红色景点的过程中，可以亲身感受到中国革命先辈的英勇事迹，体验到革命精神的历史传承，从而更加深刻地理解和感知中华民族伟大复兴之路。下面从四个方面深入探讨红色遗址的旅游潜力及重要价值。

（一）文化价值的延伸

红色遗址不仅是中国革命历史的见证，也是丰富的文化资源库，每一个遗址背后都蕴含着一段感人至深的历史故事和深厚的文化内涵。在当前社会，当人们谈及红色遗址的文化价值时，提及的不仅是其历史价值，更在于它对现代社会，特别是青年一代的启示和教育，它向人们展示了一种精神——无私奉献、英勇斗争的革命精神。在文化传承方面，红色遗址的利用并不是简单的旅游开发，而是一种文化的复兴。在全球视野下，如何把中国的红色文化通过红色旅游推向世界，让世界更好地理解中国，是红色遗址文化价值延伸的重要方面。

红色文化体现了中华民族在危难时刻的坚强意志和非凡斗志，也是中国共产党领导人民取得独立和自由的重要标记。文化的价值在于能否被更多人接受和认同，红色遗址提供了一个将过去的革命故事通过各种形式展现出来的极好平台，如红色主题的文艺创作、影视作品等。

（二）教育价值的拓展

红色遗址作为中国革命历史的生动教材，不仅承载了丰富的历史信息和伟大的革命精神，也成为当前和未来国民教育的宝贵资源。红色遗址中的每一块石头、每一堵墙都是革命历史的见证，都有着不能忘却的故事，这些物质与非物质的文化遗产构成了强大的国民教育资源。对于青少年来说，它们是激发爱国情怀、坚定理想信念的重要载体；对于成年人来说，它们是回顾历史、缅怀先烈、继续前进的精神支柱。

教育的价值不仅体现在传承历史真实的过程中，更体现在如何将这段历史与当下、未来相联结，使之成为推动社会进步的动力。党校可以组织各类红色主题实践活动、夏令营、研学旅行等，利用红色遗址这一得天独厚的教育资源，培育青少年的历史责任感和民族认同感。同样，对成年人而言，通过参与红色旅游等活动，能够加深自身对红色文化的理解和感悟，也是提升个人的精神境界、强化社会责任感的过程。

（三）社会价值的显现

红色遗址所具备的社会价值主要体现在其具有宣扬正义、坚守信仰、凝聚人心的作用。红色遗址通常承载着一种正义的、公正的社会理念，它呈现的不仅仅是一段历史，更是一种社会文明的进步和发展。红色遗址通常包含着勇敢、坚持和奉献等价值观，这些正是构建和谐社会所需的核心价值，利用红色遗址宣传这些正能量的社会理念，可以在全社会尤其是青少年群体中培养正确的价值取向和世界观。

在现代社会，红色遗址是反映和阐述社会主义核心价值观的重要平台。例如，学校可以借助红色遗址的社会影响，开展一系列社会实践活动，如志愿服务、公益活动等，将红色遗址变成展现社会主义核心价值观的实践基地。

（四）经济价值的挖掘

红色遗址除了其重大的历史、文化和社会价值，还蕴含着丰富的经济价值。开发利用红色遗址可以带动地区旅游业的发展，吸引更多的游客来访，进而提升地方经济。此外，红色遗址的经济价值还可以通过文创产品开发、红色主题的活动策划等多种方式来拓宽。

在确保保护红色遗址原貌和内涵的基础上合理开发红色遗址的经济价值，可以在满足人们精神文化需求的同时，也达到促进经济发展的效果。例如，可以在遗址附近建立红色主题的商业街区，推出与红色文化相关的商品，丰富游客的旅游体验，同时也为地区带来经济效益。

二、红色遗址的保护措施

红色遗址作为革命历史的见证，担负着传承红色文化、维护历史真实、教育后人的重要责任。党校在追溯与致敬历史的同时，也要将这些非物质文化遗产传承给未来，让红色文化在新的时代背景下焕发新的活力。

（一）历史真实性的保护

红色遗址所包含的历史真实性是人们探索和认识中国革命历史的重

要依据，这些遗址的每一砖一瓦、每一条街道都可能承载着革命先辈的英勇事迹与浴血奋战的故事。维护红色遗址的历史真实性要注重对原有遗址的物理形态、结构构成、空间环境等进行严格保护和维护，以防止历史事实在时间的冲刷下变得模糊或被扭曲。

红色遗址的保护不只在于对遗址的物质保护，还包括对其背后红色文化和革命精神的传承。在遗址的具体保护实践中，人们需要深入挖掘其背后的历史文化内涵，通过多学科的研究，如考古学、建筑学、历史学等，准确还原遗址的历史面貌。此外，可以采用现代科技手段如数字化技术，将遗址的每一个细节进行数字记录，这样一来，即便未来遗址本身因自然因素逐渐退化，人们也能够依靠这些数据重新构建、解读和利用这些宝贵的红色文化遗产。

（二）红色文化的活化传承

遗址的保护并非将其"封存"，而是要让这些静物"活"起来，让它们在新的历史时期继续发挥作用，讲述那些感人至深的红色故事。红色文化的活化传承主要体现在两个方面。一方面，将红色遗址融入现代生活，让其成为人们学习红色历史、体验红色文化的场所，如设立红色主题的展览馆、纪念馆，组织各类红色主题的展览和活动，让更多人能够在实际的体验中感受红色文化的魅力。另一方面，可以运用多媒体技术，如虚拟现实和增强现实技术，构建红色遗址的数字化副本或模型，为人们提供更加丰富和立体的体验。数字技术可以实现对红色遗址的"复活"，让那些已经消逝的历史瞬间在虚拟的空间中再次"活"起来，让更多的人能够在虚拟的环境中"体验"那段波澜壮阔的历史。

（三）法律与制度的完善和执行

红色遗址作为历史的重要见证，对其的保护在法律和制度层面应当得到足够的重视，针对红色遗址的特殊性，法律应明确规定对遗址的保护与利用标准，这不仅涉及遗址的维护、修复，还要确保其所在地的环境不受污染和破坏。针对那些具有高度历史价值但未被充分认识的遗址，法律应设立专门机制，确保其得到及时的登记、评估和保护。

法律不仅要设立标准，还要有明确的执行力度，对于违反红色遗址保护法规的行为，应当有严厉的惩罚措施；而对于那些参与红色遗址保护工作、为保护遗址作出杰出贡献的个人和组织，也应当给予鼓励和奖励。制度的完善也需要考虑到红色遗址与当地社区的关系，红色遗址的保护和利用不能与当地居民的生活需求和文化习俗发生冲突。因此，有关机关在制定法律时应充分听取当地社区民众的声音，确保红色遗址保护工作既维护了历史的完整性，又满足了社区居民的实际需求。在制度执行阶段，监管机构的作用尤为关键，不仅要确保红色遗址的保护政策得到有效执行，还要定期进行遗址的巡查和评估，确保其状态始终处于最佳。监管机构还可以组织各种培训和宣传活动，提高社会对红色遗址保护重要性的认识，形成全社会共同参与、共同监督的良好局面。

（四）社会参与的拓宽

红色遗址的保护需要超越单一的政府主导，真正实现社会的广泛参与，这样的参与方式能够带来更加丰富和细致的保护视角，也能够更好地满足多样化的文化和历史需求。

当地社区是红色遗址保护的第一线，社区居民与遗址的关系最为密切，他们对遗址的历史、文化和价值有着深刻的了解。因此，他们在遗址的维护、管理以及宣传方面具有无可替代的作用。组织社区志愿者参与遗址的日常巡查、清洁和修复，可以更好地保护遗址，也培养了居民的红色文化认同感和历史责任感。学术界和研究机构在红色遗址保护中也应发挥关键作用，他们可以进行深入的历史研究，挖掘遗址背后的故事和意义，为遗址的保护和宣传提供坚实的学术支撑；他们也可以通过各种学术活动和交流，推动红色遗址保护的理念和技术与国际接轨，确保遗址的保护工作始终处于前沿。企业和商业机构也可以参与到红色遗址的保护中来，他们可以通过赞助、捐款或者技术支持等方式，为遗址提供物质和技术支持；他们也可以利用自己的品牌和影响力，帮助红色遗址进行宣传和推广，使更多的人了解并关心红色文化。媒体和公众人物也是红色遗址保护的重要力量，他们可以通过各种平台和方式，讲述红色遗址的故事，普及红色文化知识，形成强大的社会舆论支持。这种广泛的社会参与不仅能够确保红色遗址得到更加完善和细致的保护，也为红色文化的传承和发展注入了新的活力和动力。

三、红色遗址的经济价值转化

在红色资源保护与开发过程中，应当充分发挥人的主观能动性，不仅要注重对红色资源的保护和传承，还应当重视文化资源向经济价值的转化。[①] 红色遗址的经济价值转化在现代社会经济发展中占据了不可忽视的地位。红色遗址作为中国革命历史的见证，它的价值不仅仅体现在历史文化的层面，更在于其所蕴含的深厚的社会经济价值。将红色遗址合理、有效地进行经济价值转化，不仅能够实现对其的保护与发展，更能在更广阔的层面上推动红色文化的传承与发展。在红色遗址的经济价值转化过程中，可将目光聚焦在以下四个方面。

---

① 李杰义、唐玉琪、叶梦婷：《乡村红色资源价值转化机制与模式》，企业管理出版社2021年版，第79页。

（一）合理利用，打造红色旅游品牌

红色遗址作为一本厚重的历史教科书，展现了中国革命的艰辛历程与无数革命先烈的英勇事迹。将其融入旅游产业，不仅是为了实现经济的发展，更是为了让更多的人能够近距离感受那段峥嵘岁月，使他们在享受旅游之愉的同时，也能体验和理解红色文化的深远意义。

在打造红色旅游品牌的过程中，既要展现遗址本身的文化历史价值，也要着力创新旅游产品和服务，为游客提供丰富多元的旅游体验。例如，设计具有红色文化特色的旅游线路，推出与红色故事相关的主题活动，以及发展夜游项目、增强互动体验等，旨在从不同的角度、不同的层面呈现红色遗址的独特魅力，满足不同游客的需求。红色旅游的开发也应注重环境的保护与文化的传承，在游客参与的同时，要加强对其在遗址内行为的引导和规范，保护遗址的完整性和真实性，避免因过度开发带来的负面影响。

（二）文创产品的开发与推广

红色文化的传承不仅仅局限于遗址的保护与旅游的开发，还能通过文创产品的形式，在日常生活中找到更广阔的发展空间。红色遗址文创产品不仅是一种商业物品，更是红色文化的载体，能够将革命精神以更接地气的方式传达给公众，尤其是年轻人。

在文创产品的开发中，要深刻把握红色文化的核心价值，并将其作为设计理念融入现代审美和生活元素，以此打造出既有文化底蕴又富有创意的红色文创产品。例如，将红色遗址的元素与服饰、文具、家居用品等日用产品相结合，使其在满足功能性的同时，也成为传播红色文化的工具。红色文创产品的推广和销售也要注意采用创新的策略，可以通过线上线下结合的方式，开展各类推广活动，利用新媒体平台进行传播和销售，使红色文创产品更广泛地进入人们的视野和生活，从而使人们在日常的点滴中感受红色文化的存在与影响。

在文创产品的开发与推广过程中，既要突出其文化价值，也要兼顾市场需求，通过合理定位产品的风格和定价，确保其在市场上的竞争力，进而实现红色文化与市场经济的有机结合。在文创产品的推广过程中，融入更多创新和科技元素也是吸引年轻群体、推动红色文化传承的关键路径之一。

（三）创新的文化体验项目

红色遗址充斥着浓厚的历史与文化氛围，为人们提供了丰富的素材来构建多样化的文化体验项目，能够进一步深化红色文化在社会各界的影响与认同。在遗址场地举办各类文化与艺术活动，如红色主题的摄影大赛、艺术展览、文学创作营、戏剧表演等，利用文艺的形式将红色文化的精神内涵进行再创作，能够使其在现代社会中得到新的表达和传播。同时，可以探索开发一些互动性强、寓教于乐的教育项目，如设立红色故事讲述、亲子探险、寻宝游戏等，为不同年龄层的受众提供更加丰富多元的参与体验。这些文化体验项目将红色遗址打造成了一个生动的学习场所，能够让参与者在体验的过程中感受红色文化的魅力，理解并铭记那段属于国家与民族的光辉历史。

在推进这些文化体验项目的同时，也要注重活动的质量与深度，使其在提供丰富体验的同时，也能真实、准确地传达红色文化的核心价值观，达到红色文化传承与推广的目标。

（四）社会合作与共建

红色遗址的保护与发展不应仅仅是一个区域或一个部门的事务，而应该是整个社会共同参与、共同建设的过程。在红色遗址的经济价值转化中，可以尝试采取多元化的合作模式，吸引更多的社会力量参与进来，形成一个利益共享、风险共担、各方共赢的局面。

政府可以在政策上给予红色遗址更多的支持与引导，为社会资本的进入提供便利的条件；企业和投资者可以从中发现新的商业机遇，通过投资和运营，推动红色遗址的活化利用；社会组织、文化机构和学术界可以发挥其专业优势，为红色遗址的保护、研究和推广提供支持；普通民众，尤其是青年学生，则可以作为红色文化的传播者和实践者，在参与中收获成长，在传承中找到自己的价值定位。例如，企业可以与红色遗址的管理方建立合作关系，共同推出一些品牌活动或文化项目，既丰富了企业的社会责任实践，也为红色遗址的文化推广带来了更多的资源和平台；学校和教育机构则可以将红色遗址纳入教学内容，作为实践基地，使学生们有机会深入了解和体验红色文化，从而在情感上建立起对红色文化的认同和传承。

第二节 红色文化产业与旅游业的深度融合

红色文化产业与旅游业的深度融合是实现文化价值和经济价值双重提升的重要路径，在实践中，需要综合运用多种策略和手段，充分发挥红色文化和旅游业的优势互补，推动两者的协同发展。

一、红色文化产业与旅游产业之间的关系

红色文化产业与旅游产业之间的关系是多方位、多层次的，这种关系在保护和传承红色文化的基础上，实现了文化与经济的共同发展，也为推动社会主义文化繁荣和经济社会的持续健康发展打下了坚实基础。

在这个过程中，旅游业不仅成为红色文化传播的重要渠道，也从红色文化中获得了丰富的内容和内涵，两者相辅相成，共同推动着社会的进步和发展。

（一）深厚的红色文化基因在旅游业中扩展

红色文化作为中国革命的精神载体，具有深厚的历史内涵和广阔的群众基础。将红色文化与旅游业相融合，无疑能够打造出一条具有鲜明特色和强大吸引力的红色旅游线路。红色文化在旅游业中的扩展，不仅体现在其对红色文化资源进行了深度挖掘，也涵盖了将这些文化内容有效转化为旅游产品的过程。

红色景区的设置是将红色文化与旅游业相结合的直观体现，在这些景区内，游客可以通过观看革命历史的实物、文物、图片或影音资料，近距离接触和感知红色文化的魅力。更重要的是，在这些红色景点中，每一个建筑、每一块石碑、每一个故事，都是一种独特的文化符号，引导游客进入一个"活生生"的历史教室，使游客更为直观地理解革命先辈的艰辛与伟大。将红色文化扩展到旅游业的同时，也在一定程度上实现了对红色文化的现代解读和再创造。红色文化的历史内涵，既可以通过静态的展览展示形式传递，也可以与现代科技、艺术等多种形式相结合，打造出充满创意的红色文化体验项目，使得红色文化在旅游业中的呈现方式更加多元和丰富。

（二）旅游业对红色文化的传播和推广

红色文化的传播和推广，不仅要借助书本、影视等传统媒介，还要利用旅游这一实践体验的方式，让更多的人亲身感受到红色文化的魅力。借助旅游业的平台，红色文化可以跳出历史的框架，转化为一种可以触摸、可以体验的"实物"。红色文化在旅游业中的推广，不仅可以在红色景区进行，也可以借助各种旅游活动、文化节庆等形式进行。例如，开展主题为"红色记忆"的摄影比赛、征文活动等，可以吸引更多人的参与，激发更多人对红色文化的兴趣。这些活动不仅在一定程度上丰富了红色文化的内容和形式，也为红色文化在社会上的传播搭建了一个更为广阔的平台。

在旅游业的推动下，红色文化不仅可以在国内得到广泛的传播，也可以通过国际旅游的方式，将红色文化推向世界。旅行团可以组织红色文化主题的海外旅游、展览等，将红色文化的精神内涵传递给国际友人，这不仅有助于提升中国的文化软实力，也将红色文化的影响力扩展到了国际范围。

在红色文化与旅游业的交融中，不仅体现了两者在内容和形式上的共鸣，更在一定程度上推动了双方在经济和社会价值上的共赢。红色文化的丰富内涵为旅游业提供了源源不断的文化资源，而旅游业的快速发展也为红色文化的传播提供了有力的支持。

二、红色文化产业与旅游业融合的具体策略

红色文化产业与旅游业的深度融合是一个系统性、多元化的过程，需要政府、企业、市场及全社会共同的参与和努力。打造红色主题旅游产品、发展红色文化创意产品、加强红色旅游品牌建设等多方面策略的实施，不仅能够充分挖掘红色文化的经济价值，也有助于红色文化的传承与长远发展。

（一）红色文化资源的深度挖掘与整合

红色文化资源的挖掘和整合不仅弘扬和保护了中国革命文化的独特

价值，同时也在全社会中营造了一种尊崇英雄、学习英雄的强烈氛围。进一步地，红色文化在现代社会尤其是在旅游业中的深度融合与利用，为推动中国文化走向世界、让世界了解中国起到了至关重要的作用。在下面的论述中，著者将继续探讨如何在旅游体验中创新红色文化元素，以及品牌价值的提升策略。

1. 文化资源的挖掘

红色文化源远流长，被悠久而独特的历史事件、热血的人物故事与深刻的象征意义填充。遍布全国各地的红色遗址、红色文化景点，常常承载着一段段革命历史和英雄事迹。这些元素不仅在中国历史和文化中占有不可替代的地位，同时也成了深受人民喜爱的精神象征。在红色文化资源的挖掘过程中，研究者要深究每个历史事件背后的文化内涵和社会背景，从中提炼出具有广泛吸引力和深刻教育意义的文化要素。通过展示革命先辈的崇高精神、坚定信仰和英勇事迹，这些文化要素能够进一步弘扬和传递红色文化的核心价值。

2. 资源整合

红色文化资源的整合涉及多方面的协同工作。在文化表达层面，要结合现代审美和传播方式，对红色文化进行艺术化的、多元化的再创作，以符合现代人的接受习惯；对于旅游路线的设计，则须考虑如何更加生动、有序地展现红色文化的历程和精髓，从而引导游客在游览过程中得到更为深刻的文化体验和教育；而在教育内容的设计上，要能够通过与红色文化相关的故事、实物、场景等多种形式，实现对革命精神的有效传承。这一切的实现，离不开政府、文化机构、旅游企业、教育机构等多方面的共同参与和支持，通过跨部门、跨领域的协作，能够形成一个促进红色文化传承与发展的综合体系。

（二）打造独特的红色旅游体验

打造独特的红色旅游体验要注重现代性、多元性及互动性，以满足不同游客的需求，同时保证红色文化的真实性和深刻性。红色旅游作为文化旅游的一个重要分支，传达的不仅仅是历史故事，更是一种精神的传承和一种文化的体验。在这一过程中，如何将红色文化精神、历史事件、革命人物和地理环境融合到旅游体验中，成为打造独特红色旅游体验的关键。要构建这样的体验，可从以下两个方面着手。

1.体验设计：多样性与独特性的创新体验

打造红色旅游体验并非仅限于传统的参观和讲解，而是要更加注重游客的感知和参与。实景演绎和虚拟现实等技术的运用如何在红色旅游中创造出更多的互动性和沉浸感，成为值得深入探讨的问题。通过实景演绎，将红色文化的重要事件和英雄事迹"搬上"舞台，让历史在人们面前"活"起来，有助于增强红色旅游的感染力。例如，在一些重要的红色景区引入实景演出，通过精心设计的剧本、专业的演员阵容和现代化的舞台效果再现历史场景，使游客仿佛穿越回那个激情燃烧的时代，感受革命先烈的英勇和坚定。虚拟现实技术的引入则打破了时间和空间的限制，让游客能够更加真实地感受到红色文化的魅力。通过虚拟现实设备，游客可以身临其境地体验那些震撼人心的历史瞬间，如亲临战场、参与会议等，从而丰富红色旅游的体验内容和形式。

2.故事讲述：弘扬红色文化的教育与情感价值

红色旅游不只是一次简单的旅行，更是一次情感与价值的沉浸式体验。红色文化背后的每一个故事，都蕴含着深厚的历史信息和文化内涵，在红色旅游体验的设计中，故事讲述是不可或缺的一环。讲述者需要通过生动的语言、真挚的情感和专业的知识，将红色文化中的英雄事迹、革命理念和民族精神淋漓尽致地表达出来。这些故事在传递信息的同时，更能触动人们的心弦，让游客在感受到震撼的同时，深入理解和领悟红色文化的真谛，实现文化价值的传承和推广。要做好故事讲述，就要专门对讲解员进行培训，使其在具备扎实历史知识的基础上，更加擅长把握语言的艺术，能够把复杂的历史事件、人物关系和背景信息通过生动的叙述和情感的投入，转化为让普通游客易于理解和感知的内容。

（三）提升红色文化产业的品牌价值

红色文化具有重大的经济价值和品牌价值，正日益成为带动区域经济发展的新亮点。[①] 红色文化的魅力并非局限于其深沉的历史底蕴和精神内涵，更在于其在现代社会中如何重新焕发活力，在经济领域创造价值并扩大影响。作为中国特有的文化符号，红色文化包含的价值观和精神内核，不仅是中华民族精神的重要组成部分，也是世界文化多样性中不可或缺的一部分。在红色文化产业与旅游业深度融合的过程中，将红色文化精神与现代旅游体验相结合，并通过创新的模式将其品牌价值最大化，是一个必须深入探讨的方向。品牌价值的提升不仅是对红色文化的一种商业化拓展，更是将文化的教育意义和精神价值进一步传播给更多人的有效方式。

提升红色文化产业的品牌价值，从本质上来说是一种对文化、历史与经济价值的充分认识和珍视，高质量的旅游服务与产品、精致与深入的体验设计、富有故事性的文化传播方式都是强化红色文化品牌的必由之路。一方面，提升服务质量和体验度可以直接反映在旅游市场的繁荣与活跃上，为相关区域的经济发展带来直接利益；另一方面，深入

---

① 杜改仙：《红色旅游资源开发、文化传承及其育人研究》，九州出版社 2021 年版，第 28 页。

而细致的文化体验可以增强人们对红色文化的认同和理解，使得文化的传承更加深入人心。红色文化的国际交流与推广，不仅是文化输出的需要，也是提升国家文化软实力的重要手段。通过文化交流活动，可以将红色文化的核心价值观念传播到世界各地，让更多的人了解中国、理解中国，也让红色文化成为连接中国与世界的纽带；而在国际交流的过程中，红色文化也会吸收到其他国家的文化营养，实现文化的多元互鉴。在全球视野下，红色文化的推广应当超越国界，将中华民族的优秀文化传统、革命精神以及对人类进步的卓越贡献展示给全世界，提升国家的文化影响力。国际平台的借助，如国际文化节、展览或交流项目等，能够为红色文化的全球推广搭建桥梁。

红色文化产业品牌价值的提升是一个系统性的工程，需要在文化、经济、国际交流等多个层面上下功夫。每一个层面的提升都离不开创新和科技的支持。例如，数字化、智能化技术让红色文化的传播与人们对红色文化的体验更为便捷和丰富，使红色文化在更多的领域和层面上焕发新的活力。在多元化的市场环境中，红色文化既是一种精神的寄托，也能够成为推动相关产业发展的强大动力，其潜在的价值值得人们深入挖掘和珍视。

第三节　红色主题的创意产业发展

在当前社会经济的快速发展中，如何继续让红色文化焕发新的活力，进而在更广阔的领域中产生影响，成为一项重要的探讨议题。特别是在创意产业这一新兴领域，红色文化与其交融与碰撞，能否激发出一种新的力量和活力，进而推动创意产业的发展与繁荣，值得深入研究和探讨。

一、红色文化与创意产业的融合

红色文化与创意产业的融合所展现出来的价值与意义是多方面的，不仅在于它们相互之间的补充与提升，更在于它们共同为社会提供了一种新的文化体验与精神享受，进一步丰富了现代社会的文化生活。红色文化涵盖了众多的历史事件、英雄人物、珍贵文献，这些要素在传承的过程中需要一种更具创新、更具吸引力的表达方式，以便能够在当前社会的文化传播与文化消费中占据一席之地。而创意产业则以其鲜明的特征——创新、创造、创意——提供了将红色文化进行现代化诠释的新视角与新方法。

一方面，创意产业能够通过其独特的表达方式，赋予红色文化更为丰富与多元的形态。例如，红色历史故事可以通过影视、动漫、游戏等形式进行重新演绎与包装，使其在视觉上、感知上与现代社会大众的审美及接受习惯更为契合。借此，红色文化的核心价值得以在不同的文化产品中得到传达与弘扬，实现了形式与内容的有机统一。另一方面，红色文化的丰富内涵也为创意产业提供了源源不断的创作灵感。基于红色文化的底蕴，创意产业可以挖掘其深厚的历史与文化内涵，创作出更多富有创意与创新性的文化产品，这些文化产品不仅在内容上具有深刻的历史意蕴与教育意义，也在形式上展现了一种前所未有的创造力与想象力。

具体到实施层面，红色文化与创意产业的融合可以从多个方面进行探索。例如，在内容创作上，可以尝试通过多媒体、跨媒体的创作方式，将红色文化的传统元素与现代创意表达相结合，形成一种新的文化语言；在传播模式上，可以利用网络、社交媒体等新媒体平台，推广红色文化主题的创意内容，以增加其在社会上的影响力与认知度；在市场运作上，可以将红色文化与文化消费、文化旅游等多种经济形态结合起来，打造一种新的文化产业发展模式。

二、红色主题的创意产品设计

红色主题的创意产品设计，在新时代的语境下成为文化传承和国家精神的传播载体。红色主题创意产品不仅是红色文化要素的物质化呈现，更是一种情感的寄托和精神的延续。将红色文化元素巧妙地融入创意产品设计中，可以形成一种独特的文化符号，既体现出文化自信，又在市场上具有较高的识别度和影响力。在红色主题的创意产品设计中，如何将红色文化元素与市场需求、消费者心理以及设计创新相结合，以下四个方面需要重点考虑。

（一）价值观的传达

红色文化作为中国革命历史的体现，包含着丰富的思想内涵和深远的社会影响。设计师在红色主题的创意产品设计中，不仅是物质形态的创造者，更是文化和价值观的传达者。红色文化所蕴含的英勇奉献、团结协作、坚持信念等精神，在现代社会中仍具有强大的感召力，而在创意产品设计中，这些精神能够通过不同的设计语言、符号及寓意的创造和运用，寻找到一种形式表达。于是，设计并不仅仅是表面的图案变化，而是在无形中，通过每一个色块、每一个线条的勾勒，传达一种来自历史的力量和信仰。这不仅要求设计师对红色文化有深刻的理解和认识，更需要其在设计中展现出对这种文化精神的解读和体现，使得每一个产品都能成为红色文化价值观的载体，引发消费者的共鸣和情感连接。

（二）艺术与审美的融合

将红色文化的底蕴与现代审美趣味相结合，不是简单的叠加或修饰，而是在深入理解红色文化和现代审美的基础上，寻找两者间的契合点，探讨它们在形式与内容上的融合可能。在红色主题的创意产品设计中，艺术与审美的融合不仅体现在视觉效果的和谐统一，更体现在文化内涵与形式美的相互映照。例如，将红色文化中的一些经典元素——星星、红旗、军鼓等——通过抽象、变形等艺术手法，创造出新的视觉符号，这些符号在保留原有文化基因的同时，也能够符合现代人的审美习惯和审美追求。同时，也可以探索将现代艺术形式如抽象艺术、极简艺术等融入红色文化的表达中，形成一种时代交融的新文化语言。在这一过程中，设计师需要具备跨文化、跨时代的审美视野，敏锐捕捉红色文化与现代审美之间的契合点，使其在设计作品中得到巧妙的体现与表达。

（三）创意与创新的结合

创意与创新是推动红色主题创意产品设计的两个关键要素。在红色主题的创意产品设计中，创意不仅意味着创新的构想和新颖的设计方案，更是意味着如何在确保红色文化准确传达的基础上，找到新的表达方式和设计语言。在此过程中，设计师须在深入挖掘红色文化内涵的基础上，寻找红色文化与现代设计元素和风格的碰撞点，以期产生既保留红色文化精髓，又具备现代感的设计作品。这可能体现在对传统符号的再构、对经典图案的新解或是对传统色彩的重新组合上，以提供既富有文化深度，又具备新颖元素的创意产品。

为保证红色文化在产品中的恰当体现，每一次的设计尝试都需要在传达红色文化与展现设计新颖性之间找到一个平衡点。这需要设计师在充分理解和尊重红色文化的基础上，拓宽设计思路，不拘泥于固有形式，勇于尝试、勇于突破，让红色文化在现代社会中焕发新的生命力。

（四）用户体验的关注

在红色主题的创意产品设计中，用户体验通常会涉及产品的实用性、舒适度、互动性等多个层面。确保良好的用户体验意味着设计师不仅要关注产品的文化传达能力，还要关注产品在使用过程中给用户带来的感受。这样的设计理念要求设计师在创作过程中始终保持以用户为中心的出发点，充分考虑到目标用户的实际需求和使用习惯，使产品在具备基本功能和符合美学要求的同时，也能在使用中带给用户愉悦的感觉。举例来说，如果是一款以红色文化为主题的文创产品，如笔记本、文具等，那么在设计时就需要考虑到产品的材质、尺寸、易用性等因素，以确保产品在实际使用中的便捷和舒适；如果是一款数字产品，如一款介绍红色文化的互动 App，则需要关注用户界面的友好性、信息架构的合理性以及互动设计的人性化等，以提供流畅、直观的用户体验。

三、红色文化与创意产业的协同发展

红色文化与创意产业在协同发展的过程中，既弘扬了传统的红色文化价值，也推动了创意产业的进步和创新。这一过程强调在红色文化的深度挖掘与传承基础上，通过创意产业的多种形式，实现文化的创新表达和价值升华。红色文化的协同发展不仅是文化传承的需要，更是文化创新的必然。红色文化携带的深刻历史内涵和独特的文化符号，为创意产业提供了丰富的素材和深厚的底蕴；而创意产业的多元化、创新性以及强大的市场化运作能力，为红色文化的传播提供了更加广阔的平台和更为多元的表达方式。两者在理念、形式和内容等多个层面相互补充，相互丰富，共同推动了文化和产业的发展。

在实践中，红色文化与创意产业的协同发展体现在多个方面。例如，在文化产品的创作中，设计师可深入挖掘红色文化中的符号、故事和价值，将其通过现代设计语言和创新性的表达方式，转化为具有市场竞争力的文创产品或是文化体验服务；在内容创作领域，创作者可将红色文化中的故事和历史人物，通过创新的叙事方式和新媒体技术，呈现给现代人，实现文化的现代表达和传播；在文化空间的设计和运营中，可以将红色文化元素融入空间设计和体验活动，创造出兼具文化展示和商业运营的文化空间，为人们提供更为丰富和多元的文化体验。

红色文化与创意产业的协同发展，也带动了相关产业链的拓展和升级。例如，红色文化的内容和元素被广泛应用于设计、制造、旅游、教育等多个领域，推动了这些领域的发展和创新。通过与其他产业的交叉融合，红色文化的内涵和价值得到了更为广泛和深入的传播，创意产业的创新能力和市场活力也得到了进一步激发和提升。又如，红色文化与创意产业的协同发展也为红色文化的国际传播提供了新的途径和可能。通过创意产业的国际合作和交流，红色文化的国际影响力得以提升，红色文化在全球的传播也得到了加强。

第四节　红色品牌与市场营销策略

红色文化深植于中国的历史土壤，拥有着丰富的价值内涵和深刻的历史印记，其在品牌建设和市场营销中的运用不仅是一种文化传承，更是一种创新的市场实践。本节将从理论与实践两个层面呈现红色文化与品牌市场营销之间的互动与融合，期望在红色文化的传承与发展中寻找创新的营销路径。

一、红色文化在品牌塑造中的角色

红色文化在品牌塑造中的角色展现了一种深刻而独特的力量。红色文化深植于中国土壤，体现的是一种民族的韧性、抵抗与奉献精神，这种文化在中国市场中有着非常强的认同感和影响力，因而在品牌塑造过程中，其所扮演的角色亦不可或缺。

品牌塑造的核心在于为目标市场与消费者传达一个品牌的价值观和独特性。红色文化包含了众多的价值观，如团结、坚持、奉献等，这些价值观在品牌塑造过程中，能够深刻地体现品牌的社会责任感和历史传承。红色文化具有强烈的民族特色和历史底蕴，这对于品牌形象的塑造提供了独特的、深刻的文化符号和故事元素。使用红色文化元素，品牌能够快速地与消费者建立起一种文化上的连接和情感上的共鸣，特别是在国内市场，这种文化认同感更是能够加深消费者对于品牌的印象和品牌在消费者中的影响力。

在全球化的市场环境中，中国品牌面临的是如何在国际市场上树立起独特而有影响力的品牌形象的问题。红色文化作为中国文化的一个重要组成部分，能够为中国品牌提供独特的文化符号和故事。在国际市场中，借助红色文化的元素和故事，中国品牌能够更好地展现自身的文化底蕴和价值取向，增强品牌的文化认同感，使其在国际市场上获得更多的关注和认可。品牌在运用红色文化进行品牌塑造的过程中也需要谨慎和精细的操作。红色文化中包含的元素和故事多与国家的命运和民族的感情紧密相连，如何通过恰当地运用这些元素，既能够展现其文化底蕴，又不引起过度的商业化质疑，是品牌在运用红色文化进行品牌塑造过程中需要仔细权衡的。此外，如何在展现红色文化的传统和庄重的同时，也能够展现品牌的现代性和国际化，以适应不同市场和消费者群体的需求，也是品牌在塑造过程中需要考虑的。

在技术日新月异的今天，品牌传播的渠道和形式多种多样，红色文化的传达不仅可以通过传统的文化产品和活动，更可以通过数字媒体和新媒体平台进行。运用现代科技，品牌能够通过虚拟现实、增强现实等技术手段，为消费者提供更为丰富和立体的红色文化体验，从而增强品牌的感染力和影响力。还须注意，红色文化在品牌塑造中的角色并非仅仅体现在外在的文化符号和元素上，更体现在品牌对于价值观和行为的塑造上。红色文化所包含的价值观和精神应该深刻体现在品牌的行为和实践中，通过品牌的具体行动，展现其对红色文化价值观的真正理解和践行，这样，品牌所传达的红色文化信息才会更加真实和有力，也才能够得到消费者的真正认同。

在文化强国背景下，红色文化在品牌塑造中的角色愈加重要。品牌不仅要在传达红色文化的过程中展现其文化的底蕴和价值，更要在实际行动中体现红色文化所蕴含的精神和价值观。这样，品牌才能在市场中建立起独特而有影响力的品牌形象，获得消费者的真正认同和支持。

二、红色文化品牌的定位与市场拓展

红色文化品牌的定位与市场拓展是一项富有挑战性且深具价值的任务。借助红色文化的独特内涵和广泛影响，品牌可以在市场中树立起独特的形象和价值定位，吸引并凝聚起一批认同和支持红色文化价值观的消费者群体。

（一）红色文化品牌的多元化定位

红色文化品牌的多元化定位应该兼顾文化传承和市场需求，注重创新与包容，以适应快速变化的市场环境和多元化的消费需求。在此过程中，品牌方既要保持红色文化的原始内涵，也要勇于创新、尝试，最终在文化和市场之间找到一个平衡点，实现品牌的持续健康发展。

首先，多元化定位表现在产品与服务的丰富性上。红色文化作为一种深刻的历史文化，其丰富的元素和内涵为创作者提供了广泛的创作空间。在品牌建设中，品牌方可以根据不同的文化元素和消费者群体，推出多样化的产品和服务。例如，在红色旅游领域，红色教育旅游线路可以根据不同年龄层的人和他们的兴趣爱好进行设计；在红色文创产品上，可以结合现代设计语言和年轻人的审美倾向，进行创新设计。

其次，多元化定位也体现在多渠道、多场景的市场运营中。通过线上线下相结合的方式，利用数字化工具和传统媒体手段，可以实现红色文化品牌在不同场景和渠道的全方位覆盖。例如，红色文化主题的线上直播活动、红色故事的线下演讲和展览，都可以在不同程度上扩大品牌影响力。

最后，品牌的多元化定位还表现在全方位的文化体验上。这里强调的是通过文化体验，让消费者在"感知"中理解和接受红色文化的价值内涵。例如，通过虚拟现实技术重现历史场景，让消费者身临其境地体验红色文化的历史瞬间；或是通过红色主题的文艺演出，使消费者感受革命历史的激情岁月。

此外，在多元化定位的过程中，品牌方还需要不断倾听市场的声音，关注目标消费者的变化和需求，灵活调整品牌战略和市场策略。这要求品牌方在塑造品牌形象的同时，也要不断进行市场调研和数据分析，保持品牌与市场的高度匹配。

（二）跨界合作拓宽红色文化品牌的市场边界

跨界合作是现代市场营销中的一种重要战略，尤其对于红色文化品牌而言，通过与不同行业、领域的品牌或企业进行合作，可以在更广泛的领域传播红色文化，也能够为品牌自身注入新的活力和元素，拓宽市场边界。

1. 打造跨界联名产品或服务

跨界联名产品或服务为红色文化品牌带来了全新的市场机会和创新点。例如，红色文化与现代时尚品牌的结合，可以创造出将传统红色元素融入现代设计的服装、饰品或生活用品。这样的联名产品既保留了红色文化的核心价值，又注入了时尚的元素，满足了现代消费者对于文化与时尚融合的需求。更进一步，红色文化品牌可以与全球知名的设计师、时尚机构合作，将红色元素引入国际时装周，提高红色文化的国际知名度。

2. 实施跨领域文化项目

红色文化在跨领域文化项目中拥有广泛的发挥空间。例如，在科技领域，可以与知名的技术企业合作，研发将红色文化元素融入的增强现实、虚拟现实技术体验，让消费者身临其境地感受红色文化的魅力；在艺术领域，可以策划红色文化主题的艺术展，吸引各方艺术家参与，将红色文化与当代艺术相结合，为人们带来全新的艺术感受；在教育领域，可以与学校、教育机构合作，开发红色文化主题的教育项目或课程，让学生在学习过程中了解红色文化的历史和价值。这样的跨领域合作，不仅为红色文化开拓了新的传播渠道，也为合作伙伴带来了与众不同的文化资源和价值。

3. 开展多方位的文化交流活动

红色文化的传播并非仅限于本国或本地区，通过开展多方位的文化交流活动，红色文化能够走出国门，与其他国家和地区的文化进行深度交流和碰撞。文化交流活动的内容可以十分丰富，如组织红色文化艺术节，将红色主题的音乐、舞蹈、戏剧、电影等呈现给海外同胞；在国际书展上推出红色主题的文学作品，让读者感受红色文化的文字魅力。此外，也可以与国外的大学和研究机构开展红色文化研究项目，推动学术交流和合作，共同探索红色文化的历史、意义与现代价值。这些文化交流活动不仅有助于红色文化的全球推广，也能促进国际的文化理解和友好交往。

4.构建跨界合作的创新生态

红色文化品牌在开展跨界合作时，应注重构建一个开放、共享、合作的创新生态，这意味着各方参与者不仅仅是单纯的合作伙伴，更是创新的参与者和推动者。在这个生态中，红色文化品牌可以与各行各业的企业、机构、研究者和创作者共同探索红色文化的新形式、新内容和新价值。例如，与电影制片人合作，将红色历史故事改编成现代剧情片；与游戏开发商合作，设计以红色文化为背景的电子游戏；与现代艺术家合作，创作红色主题的当代艺术作品。这种跨界合作不仅可以为红色文化注入新的创意和活力，也有助于红色文化在多种形式和领域中得到广泛传播和认可。

（三）利用数字技术推动红色文化品牌的普及与创新

数字技术的快速发展提供了丰富多元的手段和渠道，为红色文化品牌的市场拓展、文化传播及其与现代消费者的互动提供了更为广阔的空间。具体来看，红色文化品牌可以从以下四个方面运用数字技术推动其发展。

第一，虚拟技术打造沉浸式体验。运用虚拟现实、增强现实等技术，将红色文化的核心元素和故事以全新的、沉浸式的方式呈现给观众，如虚拟的红色文化景区导览、红色历史事件的虚拟重现等，使消费者能够更直观、更感性地感知红色文化的深度和魅力。

第二，数字化解读红色文化故事。运用大数据、人工智能等技术，深度挖掘和分析红色文化的内容和背后的历史文化价值，通过数字化的方式将其呈现给公众，例如，创建智能红色文化知识图谱，利用数据可视化技术解读红色文化的历史脉络与价值体系等。

第三，社交媒体营销深化用户互动。利用社交媒体平台，通过内容营销、互动活动等形式，以更接地气的方式将红色文化的品牌故事传递给现代消费者，增强品牌与用户之间的互动和感知，如发布富有创意的红色文化主题短视频，开展线上互动营销活动等。

第四，电商平台拓宽销售渠道。利用电商平台及相关的数字营销工具，拓宽红色文化品牌的销售渠道，通过优化线上购物体验、举办线上线下联动的销售活动、利用大数据推荐系统精准推送等方式，提升产品销售能力和品牌影响力。

第六章
红色文化在传媒领域中的传承与传播

★ ★ ★

第一节　传统媒体对红色文化的诠释与传播

传统媒体一直是红色文化传承与传播的重要渠道。在中国漫长的革命历史中，无数饱含情感和智慧的红色故事通过报纸、广播、电视等传统媒体形式深入人心，成为民族精神的重要组成部分。在当下高度发展的媒体环境中，如何借助传统媒体的优势，让红色文化得以更加广泛和深入的传播，触动更多人的心灵，是值得思考的问题。

一、传统媒体中红色文化的解读与传播

在复杂多变的信息传播时代，传统媒体在红色文化的报道与解读中，发挥着不可或缺的作用，其核心在于如何将这一具有深厚历史底蕴的文化，以更为直观、生动的方式展现给群众，使其在获取信息的过程中能够感受到红色文化的魅力，并从中吸取精神力量。

（一）传统媒体中对红色文化的解读

1. 历史真实性的维护与表达

维护历史真实性是传统媒体报道红色文化的首要任务。红色文化深深扎根于中国革命的土壤，包含着中华民族对自由、平等、公正的坚定信仰与追求，每一个事件、每一位英雄都蕴含着深刻的历史和文化内涵。因此，在报道与解读过程中，必须坚守事实真相，确保内容的真实可靠，避免因主观臆测或不实报道而导致历史被曲解。此外，传达真实的红色文化还需要注重利用丰富的历史材料、文献记录、亲历者口述等多种形式，增强报道的历史感和真实感，使之成为见证历史、体验历史

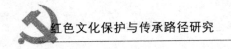
的重要渠道。

具体实施中，媒体工作者在进行红色文化报道时，可以邀请历史学家或者相关领域的专家学者进行指导，确保内容的专业性和准确性。此外，采访在各个历史时期活跃的人物或其后代，听取他们的亲身经历，也是丰富报道内容、增强感染力的重要方法。

2.红色文化在现代社会的价值传递

红色文化承载着中华民族的革命精神和民族精神，其核心价值观对于今天的社会依然具有重大的启发和指导意义。虽然红色文化根植于特定的历史时期，具有独特的社会背景，其所蕴含的对正义、真理的追求，对人民利益的无限忠诚，对艰苦奋斗、自强不息的精神等价值观念却是超越时代的。传统媒体在报道红色文化时，应当注重将这些价值观念与当代社会的实际相结合，为现代社会的发展提供精神动力和文化支持。

在实践中，传统媒体可以通过深入挖掘红色文化中的优秀传统和革命精神，结合当前社会的热点问题和发展方向，进行深入的解读和分析，通过展现革命先辈的崇高品质和伟大事迹，激发人们的爱国情怀，推动社会主义核心价值观的广泛传播。同时，应当注重多角度、多层次地展示红色文化的时代价值，将其转化为推动社会进步的文化资源。

（二）传统媒体中红色文化的传播

1.传播方式的创新与多样性

在红色文化的报道与解读中，传播方式的创新与多样性显得尤为关键。传统媒体虽然在形式上有一定的局限性，但通过不同节目形式、内容设计的多样化和创新，依然能够为红色文化的传播提供广阔的平台。

例如，在文字报道中，可以尝试融入更多的故事性和叙事性元素，通过动人的故事、感人的细节展现红色文化的魅力；在纪录片创作中，不仅可以展示丰富的历史影像和现场，还可以通过电影化的叙事手法，如剪辑、音效、配乐等，加强纪录片的感染力和观看体验；在访谈类节目中，既可以邀请历史见证者分享一段段珍贵的历史记忆，也可以借助虚拟现实等技术手段，重现那些刻骨铭心的历史时刻。

各种传播形式之间的交叉融合也是传播创新的重要途径。例如，工作人员可以在纪录片中融入访谈元素，在进行文字报道时，可以通过配合影像材料等方式，增强报道的立体感和沉浸感，使之成为人们更愿意关注和分享的内容。在实际操作中，媒体工作者要根据具体内容选择最合适的传播形式，既要充分展现红色文化的内涵和魅力，也要最大限度地提高信息的传播效果和影响力。

2. 多目标受众的信息传递策略

在红色文化的传播过程中，关注多目标受众的信息传递策略具有重要的意义。红色文化本身具有广泛的社会基础和群众基础，涵盖了不同年龄、性别、职业、地域的受众群体，因此，如何在内容表达、语言风格、传播形式等方面设计差异化的传播策略，使其能够符合不同受众群体的认知特点和兴趣爱好，是提高红色文化传播效果的关键。例如，对于青年受众，可以通过富有创意和互动性的内容形式，如故事化的叙述、情景体验式的报道等，吸引他们的关注和参与；对于中老年受众，可以更多地展现红色文化的历史底蕴和文化内涵，强化其认同感和归属感。此外，还可以针对不同受众群体的特点和需求，设计不同的传播内容和活动，如开展主题讲座、展览展示、互动体验等，使红色文化的传播更为生动、具体和富有感染力。

在多目标受众信息传递策略的设计和实施中，既要保持红色文化的核心价值，也要在形式和内容上进行创新和拓展，使其更好地融入群众的生活和心灵中，成为他们精神生活的重要组成部分。通过这种方式，红色文化的精神内涵和时代价值能够得到更广泛、更深刻的理解和接纳，从而在整个社会中得到更有效的传承和发扬。

二、传统媒体在红色文化传承中所起的作用

传统媒体在红色文化传承中占有举足轻重的地位，它不仅是红色文化信息传递的重要渠道，更是红色文化价值观普及和传承的关键平台。红色文化包含丰富的历史信息和文化价值，传统媒体能够将这些信息和价值深入社会的每一个角落，使更多的人接触和了解到这一特殊的文化类型。

（一）促进红色文化的多维度传播

红色文化作为一种特殊的文化现象，深深根植于中国的革命历史土壤。在传统媒体的多维度传播过程中，多种展现形式不断地重塑和再现红色文化的独特魅力，将其丰富的历史内涵以及悠久的文化传统呈现给广大群众。

深入剖析其中的英雄事迹与伟大精神，传统媒体运用多样的表达形式，如文字、影像、声音等，对红色文化中的核心要素进行了全方位的挖掘和解读。在这些解读之下，蕴藏着中国人民对英勇、智慧、坚毅等优秀品质的赞美与提倡，这种力量透过传媒的力量，感染着一代又一代的中国人。需要注意的是，红色文化在传统媒体的传播中，始终与时俱进，坚持创新与继承并行，使这一传统文化得以在不同的历史时期焕发新的活力。对于历史事件的再现，不仅要注重表面的叙述，更要注重从中抽丝剥茧，挖掘其深层次的文化意蕴与时代价值，并与现代社会的发

展相结合，探讨其在现实中的指导意义。

面向不同年龄段、不同文化背景的受众，传统媒体也在不断寻找最具亲和力的传播方式，以确保红色文化的广泛传播和深入人心。这种多维度的传播不仅体现在内容的多样性上，更体现在形式的多变与灵活上，保证了红色文化在不同的文化和社会背景下均能找到恰当的表达与传播方式。

（二）弘扬红色文化价值观

红色文化本质上是一种价值导向极为鲜明的文化。在这一文化中，闪耀着革命先辈的英勇斗争与坚定信念，这些不屈不挠的精神财富成为中华民族最宝贵的遗产。传统媒体在弘扬红色文化价值观方面，不仅仅是传播者，更是实践者和推广者。

弘扬红色文化价值观，首先是对其进行深刻理解和准确把握。在确立了明确的价值理解后，传统媒体要在内容生产的每一个环节，都以这些价值观为导向，无论是在新闻报道还是在文化节目中，始终体现红色文化中的核心价值观。面对社会的多元化需求，传统媒体还需要将红色文化价值观以更接地气的方式传达给群众，如运用更贴近现代生活的语言表达、人们更易于接受的传播方式等。这要求传统媒体在传播过程中，不断寻求创新与突破，以确保红色文化价值观在现代社会中得以准确、有效的传播。在全球化的大背景下，传统媒体还承担着将红色文化价值观推向世界、展现中华民族精神面貌的重任。对外传播让世界了解中国的历史、文化和价值观，也成为传统媒体在弘扬红色文化价值观中不可或缺的一个方面。

（三）提升国家形象

红色文化作为一种深刻体现了中华民族精神和中国特色社会主义核心价值的文化形态，在国内外的广泛传播过程中，极大地丰富和提升了国家的文化形象。在世界多极化、文化多样化的今天，红色文化作为中国文化的一个重要维度，不仅在国内引导着民族精神的弘扬，同时在国际舞台上也展现着中国的软实力。

传统媒体在此过程中发挥了不可替代的作用，它将红色文化中那些关于坚持、斗争和牺牲的故事，以及其中所蕴藏的革命精神和民族情感通过多种传播渠道，推广至国际社会。国家形象不仅仅体现在经济或政治领域的强大，更在于文化传承和民族精神的传递，红色文化是国家形象建设中不可或缺的一环，深化了世界对中国的理解，加深了国际社会对中国历史和文化的认知。

在推广红色文化的过程中，中国也展现出了一种兼容并蓄、积极向上的文化态度，愿意与世界各国分享自己的文化成果，愿意在文化交流中寻找到不同文明之间的共通点，以及推动人类社会共同进步的力量。

（四）塑造社会主义核心价值观

社会主义核心价值观是指导中国特色社会主义建设和发展的指南针，它与红色文化有着千丝万缕的联系。红色文化中的英雄事迹、革命精神与社会主义核心价值观中的自由、平等、公正、法治等理念息息相关，两者在许多方面都是相辅相成的。

在通过传统媒体传播红色文化的过程中，如何更好地融入社会主义核心价值观，是一个至关重要的问题。红色文化在讲述英雄事迹的同时，要突出这些事迹背后所体现出来的社会主义核心价值观，让人们在感受红色文化魅力的同时，也能够理解和接受其中所蕴含的价值理念。

传统媒体在这方面所发挥的作用是多方位的，其能够通过新闻报道、专题片、讲座、评论等多种形式，将红色文化中的精神内核与社会主义核心价值观紧密结合，让这两者在传播过程中相互补充、相互提升，进一步加强社会主义核心价值观在社会中的影响力。

第二节　新媒体环境下的红色文化传承

新媒体包括社交平台、博客、视频分享平台等，在红色文化的传承与传播中占据着重要的位置。在信息化、网络化的背景下，红色文化在新媒体环境中更加生动多元地展示和更加广泛快速地传播，触及了更为广泛的受众。

一、红色文化数字资源库的建设

在新媒体环境下，红色文化的传播不再仅仅依赖于传统的纸质载体或是线下活动，数字化技术为人们提供了更多元、更便捷的方法来整理、保护和利用红色文化资源。

（一）建设方法与技术应用

在红色文化数字资源库的建设过程中，方法论与技术应用的深度结合显得尤为关键，为红色文化的传承与推广提供了一种全新的动态展示方式。一方面，技术的应用优化了红色文化资源的保存和管理；另一方面，也极大提升了红色文化传播的效率和影响力。

红色文化资源的数字化即将其从物理形态转换为数字形态，是建设数字资源库的首要环节。这一过程需要借助高精度扫描、高清摄像、声音的录制等技术，确保红色文化资源的数字复制品能够尽可能真实地反映其原有特征。不仅如此，对于各类资料的原始信息，如出处、年代、作者等元数据的标注也至关重要，便于未来的检索和研究。

在数字资源库的平台建设环节，通常需要依托云计算、大数据等先进技术，以保证数据的安全存储和高效检索。云计算技术不仅可以确保数据的安全性，也便于进行数据的备份、恢复和管理。大数据技术的应用则有助于深入挖掘和分析红色文化的多维度信息，为其进一步的研究和传播提供支持。基于人工智能的推荐系统在红色文化数字资源库中也发挥着不可或缺的作用，系统通过分析用户的浏览和检索行为，为用户智能推荐相关的红色文化资源，从而极大丰富了用户的浏览体验和学习深度。这一过程不仅增强了数字资源库的互动性，也在一定程度上增强了红色文化传播的广度和深度。

不得不提的是，为了使红色文化数字资源库在社会各界产生更为广泛的影响，搜索引擎优化（SEO）技术的应用显得至关重要。通过优化关键词设置、改进网站结构、提高网站可用性等方式，提升红色文化数字资源库在搜索引擎中的排名，可以吸引更多的用户访问和学习红色文化资源。

（二）内容的组织与推广

内容的组织与推广不仅是一种技术和策略的运用，更体现为一种文化自觉和责任担当。在数字资源库的实际操作中，如何平衡技术与文化、信息与情感的传达，将成为实现红色文化传承和发扬的重要任务。在这一过程中，倾听用户的声音，关注用户的需求，注重用户的体验，实现技术、内容和用户三者的高度融合，将成为红色文化数字资源库未来发展的关键。

在内容组织层面，整合和分类红色文化资源是至关重要的一步。红色文化素材丰富多样，包括文字、图片、音视频等多种形式，通过明确的分类、标签和元数据标注，能够便于用户根据不同的研究方向和兴趣爱好，快速定位到所需的资源。这一阶段，信息架构的合理性和用户体验的便捷性需得到充分的重视，确保用户在浏览和检索过程中能够获得良好的体验。多语言支持也是内容组织中不可忽视的一环。鉴于红色文化在国际交流中的重要价值，提供多语言版本的资源描述和界面将有助于红色文化的国际传播，让世界各地的用户能够跨越语言障碍，深入理解和感知中华民族的革命精神和文化底蕴。而在内容推广方面，除SEO技术在提升数字资源库在线可见度方面的作用外，利用多种线上线下渠道和平台进行宣传活动也极为重要。例如，在社交媒体平台上，可通过发布红色文化故事、英雄事迹、经典语录等内容吸引用户关注，通过话题互动、线上讲座等方式促进用户的参与和互动。

红色文化可以与教育机构、研究机构、文化组织等建立合作关系，借助这些机构的平台和资源进一步扩展红色文化的影响。例如，在校园中开展红色文化主题的展览和讲座，引导青少年深入了解国家的历史和文化；在文化活动和学术研讨会上，展示和讲述红色文化的深刻内涵和时代价值。

二、红色主题网络短视频的创作与传播

短视频作为新媒体中极为流行的一种内容形式，以其独特的传播效率和表达方式成为红色文化传播的新舞台。利用短视频传播红色文化，既要洞悉新媒体规律，熟谙网络话语艺术，也要立足红色文化自身优势，发扬红色文化传播传统，这样才能讲好红色文化故事，让红色文化

在短视频中流行起来。①

（一）短视频的创作原则

短视频的创作原则在红色主题网络短视频的创作中体现了独特的价值观和文化底蕴，这种创作不仅仅是对过去历史的回顾，更是对传统红色文化在现代社会中的创新演绎。红色主题的网络短视频，涵盖革命历史、英雄事迹、革命文化等多个方面的内容，在这种创作中，保持内容的真实性至关重要，因为它关乎红色文化和革命历史的严肃性和庄重性。同时，感染力也是不可或缺的元素，因为它能够触动人们的情感，引起他们的共鸣，使红色文化在新的时代背景下依然深入人心。

在创作原则上，视频内容须精炼而富有力量，要能够在短时间内抓住用户的注意力，使其在浏览过程中产生强烈的感情共鸣。故事性和情感性是提高视频感染力的关键，通过精心构建的故事框架和情感渲染，使红色主题得以在现代语境中获得新的生命力。例如，将革命英雄事迹与现代背景相融合，让历史与现实发生对话，这样不仅能够让红色文化更加贴近现实，也有助于激发年轻人的兴趣和情感共鸣。

在多元化的表达手法与视听元素的运用上，红色主题短视频要善于把握度，既要符合现代审美，又要保证不偏离主题的核心。例如，在音乐、配色、剪辑等方面寻找创新，让红色主题短视频在视觉和听觉上给人们带来新的感受，但又不脱离红色文化的基本内涵和精神实质。红色主题短视频要注重创作的原创性和艺术性，避免陷入形式主义的窠臼，将红色文化的严肃与新媒体的活泼融合得当，打造出既富有教育意义又具有较高艺术价值的作品。这需要创作者在深入理解红色文化的基础

---

① 桂美娜、刘安妮、余雅娴、杨冬、谢睿璇、龚雅萱：《红色文化的短视频传播研究：以井冈山精神为例》，《产业科技创新》2019 年 6 期。

上，具有一定的艺术修养和创作技能，能够准确把握新媒体语境下的传播特点和用户需求。用户创作红色短视频，在保证内容与质量的同时，也要注重形式的创新与多样性，使红色文化在新媒体平台上焕发新的活力。

（二）短视频的传播策略

红色主题网络短视频在新媒体平台上的传播，需要一套精准的策略，以确保内容能够有效触达目标受众并实现最大化的传播效果。借助新媒体平台的推荐算法和用户社交网络的传播特性，红色主题短视频能够在互联网上形成广泛的共鸣和讨论，从而推动红色文化的传播和普及。

制定短视频的传播策略关注的是"内容为王"的原则。即便拥有强大的传播网络和平台，若内容本身不具备足够的吸引力和感染力，其传播效果也会大打折扣。因此，内容的创新、真实性及感染力始终是传播策略的核心所在。在红色主题短视频的传播策略中，平台的选择显得至关重要，不同的平台拥有不同的用户群体和传播特性。例如，青少年更倾向使用抖音、快手等短视频平台，而中老年人可能更多使用微信。因此，在平台选择上要精准定位，根据目标受众的特征选择最为合适的传播平台。

利用平台的推荐算法进行精准推送也是一个关键的策略。每个平台都有自己独特的推荐算法，通过分析用户的浏览、点赞、分享等行为数据，为用户推荐相关内容。红色主题短视频要充分理解和利用这些算法，确保内容能够准确推送给目标用户。例如，通过合理的标签、标题和描述，增加视频被推荐的可能性。同时，借助关键意见领袖（KOL）和社交网络进行传播同样不可忽视。在内容发布初期，创作者可以通过

KOL 的推广帮助内容迅速获取较高的关注度，形成话题，并借助用户的社交网络进一步传播。另外，引发用户间的互动和讨论，如设置话题挑战、举办互动活动等，也是一种有效的传播策略，它能够提高用户的参与度和黏性，进一步扩大短视频的传播范围和影响力。

第三节　社交媒体时代的红色文化传播

随着社交媒体的广泛应用和社会影响力的不断扩大，红色文化在这一特定的传媒环境中体现出了新的传播特征和价值内涵。社交媒体平台上的信息传播方式、用户群体特征和互动模式为红色文化的传播带来了更多可能性，同时也提出了新的要求和挑战。本节具体探讨社交媒体时代红色文化传播的三个关键环节。

一、社交平台上红色文化话题的构建与传播

在如今这个信息高度发达的社交媒体时代，红色文化如何在社交平台上构建话题并实现其深远传播，成了一个备受关注的课题。尤其是在年青一代中，他们大多通过社交媒体来获取信息和互动交流，红色文化的传播无疑需要寻找到与他们沟通的桥梁。在这一进程中，话题的构建与传播显得尤为关键，它不仅承载着文化信息，更在某种程度上决定了这些信息是否能够被广泛传播和接受。

社交平台上的话题通常起着引导和集聚公众注意力的作用，它通过一个个精简的关键词或标签，将分散在海量信息中的相关内容聚合在一起，形成一个相对独立的信息空间。在这个空间里，用户可以很方便地获取到关于该话题的各种信息，同时也可以在这个平台上发表自己的观点和看法。在红色文化话题的构建中，怎样选择和设定这些关键词或

标签，以便更好地激起公众的兴趣和参与，无疑是一门学问，这需要深刻理解红色文化的内涵和特质，也需要充分考虑到目标受众的兴趣和习惯。例如，可以结合红色文化中的经典事件、人物或符号，创建一系列与之相关的话题，通过它们将红色文化的精髓和主旨表达得淋漓尽致。

在社交媒体平台上，红色文化话题的传播需要借助平台的算法和用户的互动。因此，话题的活跃度变得尤为重要，只有保持了一定的活跃度，话题才能在社交平台上得到更多的推荐和展示，进而吸引更多用户关注和参与。那么，在话题的传播过程中，如何创造出让用户愿意参与和互动的内容？这不仅要求内容本身具有一定的吸引力和价值，也需要相关组织者在互动环节中投入更多的精力和智慧，如及时回应用户的发言、举办一些小型的线上活动等。

除了红色文化话题的内部建设和维护，如何将其推向更广阔的领域，也是需要考虑的问题。在这一点上，可以考虑与其他热门话题或事件进行跨界结合，发掘二者之间的共通点，为红色文化话题的传播注入新的活力和可能。同时，也可以通过与社交平台上的意见领袖或热门组织进行合作，借助他们的影响力将红色文化话题推向一个更广阔的舞台。传播红色文化话题时，也应保持一定的灵活性和开放性，鼓励用户在话题下创造更多自己的内容。例如，他们可以通过拍摄视频、撰写文章等方式，表达自己对红色文化的理解和感悟，这些内容不仅丰富了话题的内涵，也在一定程度上拓宽了红色文化的表达形式。同时，用户生成的内容也更能引起其他用户的共鸣和关注，进而为话题的传播提供更多的动力。

在现代社会，红色文化的传承和发扬已不仅仅是一个单向的传授过程，更是一个多元的互动过程。在社交平台上构建和传播红色文化话题，就是在这个多元互动过程中找到了一个新的切入点和表达方式。通过社交平台，红色文化不仅能够得到更为广泛和深入的传播，也能够得到更为多元和立体的表达。在这一过程中，既实现了红色文化的传承，也促进了其在新时代的发展和创新。

二、红色文化与社交媒体用户的互动研究

用户互动是社交媒体的一大特点，也是其价值所在。红色文化在社交媒体上的传播需要充分发挥平台的互动特性，形成生动活泼的传播氛围。

（一）激发用户参与

在社交媒体环境下，红色文化的传播不仅要注重内容的传达，更要关注如何更有效地激发用户的参与和互动。用户的参与不仅能够扩大红色文化的传播范围，同时也有助于增强红色文化信息的穿透力和影响力。

激发用户参与的关键在于打造与用户沟通的桥梁，找到触动他们的点，在这个过程中，情感化的表达、创新的形式以及互动的元素是不可或缺的。通过话题挑战这一形式，可以有效吸引社交媒体用户的注意，并引导他们参与到红色文化的传播中来。话题挑战通常包含具有一定挑战性和趣味性的任务或活动，它们能够吸引用户主动参与，并在参与的过程中感受和理解红色文化的深层内涵。为了让红色文化的话题挑战活动更具吸引力，其设计要充满创意和新意。例如，可以将红色文化中的经典故事或符号通过现代的表达方式进行再创作，如漫画、短视频等，这样能够更加贴近年轻用户的审美和接受习惯。同时，也可以尝试与当下热门的元素或形式结合，打造出新的红色文化表达内容，既传承了红色文化的基本内涵，也赋予了其新的生命力。

在话题挑战活动中，奖励机制也是一个不可忽视的要素。对于积极参与的用户，可以通过一定的奖励来表达认可和鼓励，如平台积分、虚拟勋章或实物奖品等。这不仅能够增强用户参与的积极性，也有助于增强社交媒体平台对用户的吸引力和黏性。

（二）构建互动社区

构建以红色文化为主题的社交媒体社区是一个高度集成的过程，涵盖多个方面的策略实施。一个成功的互动社区不仅需要提供丰富的内容资源，还需要创造一个支持用户广泛参与和交流的环境。

首先，互动社区的构建要从创建一个有深度的主题入手，该主题需要紧密围绕红色文化展开，展现其独特的价值和意义。基于主题，社区应提供丰富的内容和活动，包括文章、视频、访谈、在线讲座、虚拟展览等，以吸引和保持用户的兴趣。其次，社区需要提供一系列工具和平台，以便用户能够分享自己的故事、经历和见解。例如，在社区提供的平台上，用户可以上传与红色文化相关的照片、视频或文章，并与其他用户分享他们的理解和体验。此外，社区也可以定期举办线上活动，如问答环节、线上讨论和互动直播，增强用户之间的交流和互动。

在构建社区的过程中，社区运营者需要密切关注用户的参与度和活跃度，并根据数据反馈进行适时的策略调整。例如，通过数据分析发现哪些内容或活动更受用户欢迎，哪些讨论话题更能激起用户的热情，然后据此调整社区的运营策略和活动计划。在构建过程中，社区运营者也需要考虑如何将社区建设与其他社交媒体平台相结合，以拓宽红色文化传播的渠道和范围。例如，可以通过与其他平台的内容交流、联合活动或数据互通等方式，拓展社区的影响范围和辐射面。

（三）用户反馈分析

对用户反馈的持续关注和深入分析是互动社交媒体传播的关键一环，用户在社交媒体上的各种行为和反馈，如评论、点赞、分享和留言等，都包含了丰富的信息，这些信息对于红色文化内容和传播策略的优化具有重要的指导价值。

通过对用户反馈的分析，可以了解到哪些内容更能吸引用户的关注，哪些话题更能引发用户的讨论和分享，进而找到红色文化传播的优势和潜力点。例如，哪些故事或主题能够触动用户的情感，哪些形式和风格更符合用户的喜好等。用户反馈分析还可以帮助社区运营者发现潜在的问题和挑战，及时调整和优化传播策略。例如，如果某些内容引发了用户的质疑或反感，需要及时进行回应和处理，避免负面情绪的扩散和积累。

在用户反馈分析的基础上，也要关注用户需求的变化，实时调整内容和形式，以保持红色文化传播的活力和效果。例如，根据用户的反馈和建议，可以不断丰富和更新社交媒体上的红色文化内容，通过不同的角度和方式展现红色文化的魅力和价值。

三、社交媒体中红色文化内容的创新

面向社交媒体平台的红色文化内容生产，既要保持其核心价值特质，也要注重创新，以适应社交媒体的传播特点和用户需求。

（一）内容形式创新

红色文化作为中国历史的重要组成部分，其在当代社会，特别是在社交媒体领域的传播，充满了丰富的可能性。关于红色文化内容的形式创新，如何将深刻的、严肃的历史内容通过轻松、易懂、富有吸引力的方式呈现出来，是内容创新的重要方向。

　　现如今，短视频已经成为一种重要的社交媒体内容形式，通过其短时、直观、易分享的特性，得到了广大网民尤其是年轻用户的喜爱。创作者在利用红色文化进行短视频内容制作时，可以采取多种方法。例如，通过动画、剪辑、特效等手段，用视觉化的语言重新诠释红色故事，将历史事件与现代元素相结合，激发人们的兴趣。还可以在短视频中加入人物访谈、实地拍摄等元素，使内容更加丰富和立体。直播作为一种实时、互动性强的内容形式，也为红色文化的传播提供了新的路径。例如，开展红色旅游景点的现场直播，引导人们进行虚拟参观；组织红色主题的线上讲座、研讨会等活动，邀请专家学者进行实时交流，解答网民的疑问，增强内容的权威性和互动性。图文和音频作为传统的内容形式，在社交媒体上依然具有较大的传播价值。关于图文内容，可以尝试通过图文结合的方式，如漫画、图解、信息图表等，将红色文化中的重要信息和故事以更直观的方式呈现出来。而音频内容，如播客和音频直播等，可以通过讲述、访谈、音乐等元素，为听众构建一个丰富的声音世界，用声音讲述红色文化的魅力和价值。

（二）内容结构创新

　　内容结构的创新对于社交媒体中红色文化的传播起到了关键作用。随着社交媒体平台的日益多样化，内容形式也随之发生了变革，而红色文化作为一种具有深厚历史和文化底蕴的内容，如何在这样的环境中进行有效的传播，与内容结构的设计息息相关。

1. 故事性与情感化的结合

　　红色文化拥有丰富的历史事件和英雄人物，它们蕴藏着深厚的情感和价值。在社交媒体上，情感化的内容更容易触动用户的心灵，使他们产生共鸣。为了有效地传播红色文化，可以将这些历史事件和人物故事转化为情感丰富的小故事或场景。例如，描绘一名红军战士在长征中的情感经历，或者通过一封家书，展现战场上的亲情与牺牲。通过这种方式，可以将红色文化的核心价值与现代人的情感世界紧密相连。

2. 互动性与用户参与机制

在社交媒体中，互动是吸引用户参与和关注的关键因素。红色文化作为一种情感共鸣和历史回忆的载体，具备极高的互动潜能，利用这一特点，创作者可以策划一系列与用户互动的内容和活动。例如，鼓励用户分享他们的红色文化家族故事，或是与红色文化有关的个人体验，通过投票、评论、分享等形式，让用户成为内容创造和传播的一部分。此外，可以利用社交媒体的特点，如直播、问答、挑战赛等形式，与用户进行实时互动，解答他们关于红色文化的疑惑，或鼓励他们进行主题创作。

3. 多媒体融合与展现

在社交媒体中，纯文本内容已经不能满足用户的多样化需求，而红色文化作为一种深厚的历史与文化积淀，适合通过多种媒体形式进行展现。例如，可以利用动态图像、短视频、动画等形式，将红色历史事件或英雄事迹进行再现，这种视觉和听觉的双重刺激，可以更加生动地展现红色文化的魅力，使其更易于被现代用户所接受和喜爱。此外，通过技术的加持，如增强现实技术，可以使用户在浏览红色文化内容时，仿佛置身于那个历史时刻，增强用户的沉浸感和体验度。

4. 周期性内容策划与系列化推广

社交媒体用户习惯追踪并关注连续性的内容，这为红色文化提供了一个独特的传播机会。创作者可以考虑将红色文化的某一主题或时期，进行系列化的策划与推广。例如，围绕"长征"这一主题，将其分解成一系列的小故事或事件，并逐一推出，这不仅可以保证内容的深度与丰富性，还能够持续吸引用户的关注，形成"期待效应"。与此同时，周期性的内容策划可以形成明确的品牌调性和内容风格，使红色文化在社交媒体上形成独特的识别度和影响力。

5. 数据驱动的内容优化

数据驱动的内容优化已经成为当下内容创作与营销的核心策略，尤其是在社交媒体这样高度数字化和互动化的平台上。红色文化作为一种具有深厚历史和文化背景的内容，更应该结合现代技术手段，实现内容的精准传播和深度互动。具体措施有以下四种。

第一，用户行为分析。每一个用户在社交媒体上的行为，如点击、停留、评论、分享等，都可以为内容创作者提供宝贵的反馈。这些行为数据可以帮助创作者了解用户对于某个话题或内容形式的兴趣和接受程度，进而调整内容的焦点和呈现方式。

第二，情感分析。除了基本的用户行为数据，一些先进的分析工具还能够提供对用户评论和反馈的情感分析。这可以帮助创作者了解用户对于某个红色文化话题的情感倾向，是正面的赞赏、中性的讨论，还是负面的批评。这种深度的情感分析可以为内容创作提供更加细致的指导。

第三，内容 A/B 测试。在发布红色文化内容之前，可以通过 A/B 测试的方式，推送不同版本的内容给部分用户，然后根据他们的反馈和互动数据，选择更受欢迎的版本进行全面推送。这种方法可以确保内容更加贴合用户喜好，提高内容的传播效果。

第四，趋势预测。通过对历史数据的分析，可以预测未来某个红色文化话题或内容形式的受欢迎程度，这样，创作者可以提前进行内容策划和制作，确保在合适的时机推出，捕捉更多用户的注意力。

通过这些数据驱动的内容优化策略，红色文化的传播不仅可以更加精准和高效，而且可以更好地融入现代社交媒体的语境，与用户建立更加紧密的连接和互动。

（三）内容主题创新

红色文化内容的主题创新指的是在保持其基本内涵和价值观念的基础上，探索新的表达方式和切入点，以吸引不同群体尤其是年青一代的关注。

一方面，可以从新的社会背景和时事事件中找到红色文化的现代表达和延伸，将红色文化与当代社会生活相结合，使之在新的语境中得到新的理解和传播。例如，可以通过探讨红色文化与现代社会价值观的关联，分析历史人物或事件与现代社会问题的相似与对比，或者探索红色文化在现代社会中的实际作用和影响等。这些不同的切入点，既可以使红色文化内容与现代社会产生更多的关联，也能够引起不同群体，特别是年轻人的思考和讨论。另一方面，可以尝试将红色文化与其他领域和元素相结合，如流行文化、艺术、科技等，探索跨界创新的可能。例如，将红色主题故事制作为动画或影视作品，或者结合现代科技，如虚拟现实、增强现实等技术，为红色文化内容提供新的体验方式。

内容主题的创新需要在尊重和维护红色文化基本内涵的基础上进行，确保在创新的过程中，能够正确传达红色文化的核心价值和精神。在这一过程中，兼顾传统与创新，寻找红色文化在新的社会语境和形式中的最佳表达，或将成为未来红色文化传播的一大方向。

第七章

河北红色文化保护与传承实践

第一节　河北红色文化综述

河北这片见证过中国现代历史风雨变迁的土地，孕育了丰富而深刻的红色文化。河北红色文化的深入研究和传承，不仅可以进一步丰富和发展中国红色文化的内涵和外延，也有助于提升河北在全国乃至世界的文化影响力和软实力，进一步发挥其在中华民族伟大复兴进程中的独特作用。

一、河北红色文化的历史溯源

河北，一块极具历史红色印记的土地，在中国共产党领导的多次历史性革命斗争中担当了极其重要的角色。红色文化的溯源不仅仅是追寻物质文化遗产的过程，更是一场精神文化的追寻，它指向的是一种源远流长的革命精神和对理想信念的坚守。

回溯河北的红色文化，必须提及它在中国现代历史变革中的关键位置。在晚清时期，河北就已经成为民主革命的活跃地带，张之洞设立的洋务派工厂、清朝末年京汉铁路的开通，给河北的政治、经济、文化带来了巨变。在那个时代背景下，一批富有前瞻性的知识分子和富有激情的青年学生投身翻天覆地的社会变革之中，为河北的红色文化播下了第一粒种子。进入 20 世纪，随着先进思想的传入，河北逐渐成为中国革命的重要舞台。在五四运动期间，河北的青年积极响应爱国呼声，先后在北京、石家庄、保定等地兴起一股反抗的高潮。这些勇敢而富有激情的行动，是河北红色文化生命力的初次集中展现，亦为河北红色文化的发展奠定了坚实基础。

1921 年，中国共产党成立。在此之后的几十年里，河北成为中国工人运动和农民运动的重要阵地，特别是在抗日战争和解放战争时期，河北的革命斗争达到了一个新的高峰。在抗战时期，河北是晋察冀抗日根据地，在这块抗日敌后战场上，发生了许多感人至深、鼓舞人心的故事。中国人民抗日红军大学的学生们在太行山腹地满怀革命热情，一边学习，一边投入战斗，为中国共产党输送了宝贵的新血液。

1941 年，日本帝国主义开始在抗日基地实行残酷的"三光"政策，然而，这片土地上的英雄儿女们没有倒下，他们以勇气与智慧，在地道战、地雷战和平原游击战中摧毁了敌人的野心。保定冉庄、正定高平村和邯郸磁县大底村至今仍保留着当年地道的风采；保定白洋淀，著名的水上游击队——雁翎队活跃着；河北还是著名"百团大战"的重要一环。此外，许多无名英雄也为这片土地贡献了他们的热情与生命，谱写了一曲曲悲壮的乐章。在解放战争期，河北作为中国革命的核心与解放战争的一部分，在历史的长卷中留下了浓墨重彩的一笔。从课本中可以得知，董存瑞在战场上舍生忘死，炸毁了敌人的碉堡；在西柏坡，伟大的领袖谋划着崭新的战略，为建设一个新的中国书写着全新的篇章；在平山，中国共产党领导的人民军队创建了第一座水力发电站——沕沕水发电站，被后人赞誉为"红色发电厂"。

自新中国成立之日起，这片土地上的人民勇敢且勤劳，默默无闻地为国家的建设贡献自己的力量，许多感人至深的故事在河北各地上演，涌现了无数的英雄楷模。例如，在唐山，"抗震精神"薪火相传；在沙石峪，"新愚公"感动了无数人；在承德，塞罕坝精神生动地展现了从荒漠到绿洲的变迁。在河北农业大学校园，邢台市前南峪村、岗底村，都能深切感受到李保国精神的存在。

河北在中国革命和建设中展现出了无与伦比的历史价值和文化底

蕴，它见证了一段段辉煌的革命历史，积淀了丰富的红色文化资源。每一个红色故事，每一个革命遗迹，都承载着河北人民和中华民族的革命精神和文化内涵。

二、河北在中国红色文化发展史中的独特地位

河北作为华北地区的核心，在中国红色文化发展史上占有不可替代的重要地位。河北省在中国革命历史进程中展现了深刻的内涵和丰富的外延，为红色文化的传承与发展奠定了坚实的基础。红色文化作为一种特殊的文化现象，深刻地反映了中国共产党的奋斗历程和中国人民的革命经历。

（一）区域优势明显

河北位于华北中心，环抱首都北京，这一地理位置为其在中国的红色文化历程中赋予了特殊的重要性。河北不仅因其地理位置成为红色文化的传播中心，更因其历史背景和地理环境而在红色文化的形成、发展与传播中发挥了不可替代的作用。

红色文化起源于中国早期的工人运动和各种革命活动。河北的各大城市如石家庄、张家口、保定在这一历程中起到了关键的作用，这些城市在革命历史中，成为众多革命先锋的行动基地和红色文化的重要发源地。环抱首都的优势使河北在各种政策、新思想的传播中成为桥梁，这种特殊的地理位置和与首都的亲近关系为河北的红色文化传播和深化创造了有利条件。河北交通的便利性更是为红色文化的迅速传播打下了基础。作为北方的重要交通枢纽，河北在红色文化的早期发展中起到了枢纽作用，吸引了各地的革命者前来交流、策划和组织活动。

在整个红色文化的发展历程中，河北因其地理位置、历史背景和交

通优势起到了至关重要的作用，为红色文化的形成、发展和传播提供了坚实的基础。这一区域优势不仅为河北的红色文化注入了丰富的内容，也使河北成为红色文化历程中不可或缺的一部分。

（二）资源分布广泛

河北作为一个历史悠久的省份，其红色文化资源的分布广泛，涵盖了无数的红色遗迹、红色人物和红色事件，为红色文化的传承和保护提供了丰富的实物基础和故事背景。

红色遗迹是河北红色文化资源中的重要部分，遍布河北的各地，如早期的党组织活动地、革命烈士纪念地、早期抗日战争和解放战争的战场遗址，这些遗迹见证了河北人民为中国革命事业付出的牺牲和不懈努力。每一个遗迹都承载着一个时代的记忆，它们是河北红色文化的实物载体，为人们提供了直观的历史教材和红色教育场所。红色人物是河北红色文化的另一重要组成部分，在长达数十年的革命历程中，河北培养和涌现出了大批的红色英雄和先锋人物，他们为革命事业作出了卓越的贡献。这些人物的事迹和精神，成为河北红色文化的核心内容，为河北的红色教育提供了鲜活的教材。红色事件则是河北红色文化的重要篇章，河北在中国革命历史中，经历了许多重大的红色事件，如重要的会议、决策、战役等，这些事件不仅在当时产生了深远的影响，也为后世提供了宝贵的历史经验和教训。

（三）内涵丰富

河北红色文化不仅仅是表面的纪念碑、遗址或是史书上的记录，它的真正价值在于那深深植根于其中的内涵。这些内涵丰富的元素为河北红色文化赋予了生命力和持久的魅力，使其在中国红色文化中独树一帜。

河北红色文化有着深厚的革命传统，这一传统包含了坚定的信仰、坚韧不拔的斗志和为民族解放事业而不懈努力的精神。这种革命传统是河北人民在长期的斗争中形成的，它既是河北红色文化的根基，也是其永恒的灵魂。河北红色文化中还蕴藏着丰富的革命故事，这些故事有的动人心弦，有的催人泪下，它们真实地反映了河北人民在革命斗争中的种种经历，传承了革命先烈的崇高精神，成为河北红色文化的一部分，为后人提供了珍贵的历史教材。河北红色文化还深受河北本地文化和传统的影响。在这里，红色文化与当地的民俗、信仰和生活习惯相互融合，形成了独特的地域风格，这使得河北红色文化在内容和形式上都具有浓厚的地方色彩，为其增添了独特的魅力。

河北红色文化的内涵还表现在其教育和传承上。河北一直重视红色教育，把红色文化的内涵融入各级教育体系中，通过各种形式将红色文化的精髓传递给后代，确保这一宝贵的文化遗产能够得到永久的传承。

三、河北红色文化的当代价值

河北红色文化作为中国革命历史的一个重要篇章，不仅见证了无数英雄的崭新征程，还为今天的社会发展注入了深远的价值。在现代背景下，这种文化不仅反映了过去的历史记忆，更在政治、经济、文化和社会各个层面产生了持久影响，它是河北乃至全国精神文明建设的坚实基石，也为中华文化当前和未来的发展提供了指导思想和价值取向。

（一）政治价值

河北红色文化在中国的革命历史中占据着举足轻重的地位，它凝结了中国共产党人为民族独立和人民幸福而进行的英勇斗争。这一历史记忆对于现今的政治建设和思想引导具有深远的意义。

1. 加强党的统一领导

河北红色文化是中国共产党领导下的革命斗争的生动见证。在河北的西柏坡、燕山等地，共产党员用生命为革命事业付出了代价，这些历史事件和人物为党的统一领导提供了坚实的理论和实践基础。通过学习和传承河北红色文化，党员和群众可以加强对党的统一领导的认同感和归属感。

2. 培育忠诚信仰的党性修养

河北红色文化中的英雄事迹和革命故事都是党性教育的鲜活教材，它们展现了无数共产党人坚定的信仰、崇高的理想、不怕牺牲的精神，为党的事业英勇奋斗。借助这些具有深刻教育意义的故事，党员和群众可以增强党性修养，坚定对马克思主义、对党的忠诚信仰。

3. 巩固思想意识形态阵地

在当前复杂的国际和国内形势下，河北红色文化为人们提供了思想意识形态的有力支撑，它是中华民族抵御外部压力、坚持独立自主、走自己的发展道路的重要精神资源。弘扬河北红色文化可以巩固社会主义核心价值观在广大人民群众中的地位，为构建社会主义和谐社会提供有力的思想保障。

4. 提高群众的政治觉悟

河北红色文化的传承和弘扬，可以帮助广大人民群众更好地理解党的历史和党的基本理念，从而提高群众的政治觉悟，增强对党的信任和支持。河北红色文化的故事不仅仅是历史，更是对今天和未来的启示，是指导人们行动的灯塔。

（二）经济价值

文化与经济紧密相连，它们相互影响，共同推进社会进步。在今天全球化的背景下，文化不仅是一国的内在魅力，更是其对外展现的软实力，它关乎国家竞争力，涉及经济社会的健康与可持续发展。河北红色文化是这片土地上的瑰宝，它记载了一段史诗般的革命历程，蕴含着丰富的政治、社会和文化资源；它不仅有深厚的历史背景，更具有巨大的经济开发潜力，为了释放河北红色文化中所包含的经济价值，需要有策略地将其转化为经济增长点。这不仅可以促进河北的总体经济发展，还有助于缩小地区间、城乡间的经济差距，特别是对于那些革命老区，发掘和利用红色文化，可以带动当地经济，使这些地区焕发新的生机与活力，让当地居民真正受益。

1. 有利于带动河北经济发展

河北的红色文化承载着集体主义、艰苦奋斗等价值观，为河北提供了经济高质量发展的指引。将这种文化深度整合到经济策略中，可以为经济发展注入新的活力；利用河北的红色文化可以推动其产业化，结合经济实践赋予它新的商业价值；可以寻找更多的创新途径，将红色文化与现代市场策略相结合，释放其潜在的经济价值。然而，国内市场经济相对年轻，与国际先进水平相比，还存在诸多不成熟之处，如诚信缺失、行为不文明等问题，在河北亦有所体现。红色文化，尤其是其中体现的马克思主义核心理念，可以为河北市场经济注入更加健康和正向的导向，它有助于培育河北人民的市场观念，强化公正、公平的经济行为，激发人们的积极性，促使河北经济在正轨上持续稳健前行。

2. 推动河北革命老区的精准扶贫

河北的革命老区作为华北地区崛起的关键环节，是国家"精准扶贫"策略的重要组成部分，有关部门应该加强对河北革命老区的支持，推动经济增长，进一步提高民众的生活水平，并建立一个持续有效的扶贫机制。河北革命老区的经济发展受限于地理位置和环境条件，与全国的平均水平相比仍有很大差距，为了解决这些问题，需要用科学的方法进行指导，避免资源浪费。国家已经投入大量资源，制定了一系列扶贫政策，通过与各方合作，探索最佳的发展策略。

为了更好地推进革命老区的经济发展，河北应该利用其独特的红色文化资源，吸引更多的资金和人才。红色产业已经成为助推河北革命老区经济发展的新动力，它在经济、政治、文化和社会等多方面都发挥了积极的作用，特别是在精准扶贫中，红色文化的影响力愈加显著。

（三）文化价值

在河北这片古老而充满活力的土地上，红色文化作为一种特殊的文化表现，它所承载的不仅是一段革命的历史，更是一种持久的精神追求与价值传递。下面深入解析其文化价值的内涵。

1. 红色文化的叙事功能与历史记忆

河北的红色文化为人们提供了一个对历史了解的窗口，这些文化不仅仅是关于战争和斗争，更是关于人性、勇气和牺牲。河北红色文化的叙事功能为后人提供了一个深入了解过去、反思现在的视角，每一个红色遗址、每一篇文献、每一段故事，都是历史的注脚，助力后人更好地理解当时人们的生活、思考和选择。

2. 红色文化与现代意识形态的碰撞与融合

红色文化并不是一个孤立的文化体系，它与现代社会的多种文化形态都有所交融。在河北，红色文化与当地的传统与现代文化碰撞、交融，形成了一种独特的文化景观，这种碰撞与融合不仅丰富了河北的文化内涵，也为现代社会提供了一种全新的解读红色文化的方式。

3.红色文化在当代艺术创作中的启示

在河北，红色文化已成为当代艺术家们寻找灵感的重要源泉。无论是文学、音乐、舞蹈还是视觉艺术，红色元素都为艺术家们提供了丰富的创作材料，它不仅为当代艺术创作提供了丰富的素材，更为艺术家们提供了一种独特的审美观和创作方式。

4.红色文化与河北地方文化的交织

河北的红色文化与当地的风土人情、习俗、传统艺术形式都有着深度的交织，这种交织使得红色文化更加生动、贴近民生，同时也使得河北的地方文化更加丰富多彩。红色文化与地方文化的交织不仅增强了河北的文化底蕴，也为当地的旅游、文化产业带来了新的机遇。

（四）社会价值

河北红色文化的社会价值主要体现在以下三个方面。

1.助力构建和谐社会

和谐社会不仅能够反映一个社会的文明程度和进步水平，更是全面建成小康社会的核心目标。河北红色文化作为地域内独特的精神遗产，为构建和谐社会提供了坚实的文化基石，它积极影响着社会风气，满足着人们对于精神方面的需求，并为社会经济的持续发展注入了活力。在当今时代，由于信息传播的高速性，一些片面和偏见的观点往往能迅速放大，甚至影响到了外出工作的河北人，这对河北的整体形象、经济和文化产生了负面效应。然而，这些观点往往忽略了河北深厚的历史背景和地理优势，以及它孕育出的无数杰出人物。近年来，河北不仅有历史上的英雄，还涌现出了众多现代先锋人物。例如，在《感动中国》中被广大人民熟知的平民英雄吕保民、以孝为先的林秀贞、充满教育情怀的最美乡村教师格桑德吉，以及勤勉尽责的叶连平，他们所展现出来的是河北红色文化中的力量和精神，是那对公正的坚守和对和谐社会的努力追求。一个地区的社会风气，反映了这个地方的文明建设水平，也代表了人民的共同价值观念和团结力量。河北红色文化在传递着谦虚、务实、不骄不躁、艰苦创业的精神，正是构建和谐社会所需要的，这种精神能够为社会注入清新的风气，助力形成一个互助、和谐、友善的社会环境。

2. 有利于群众学习和践行社会主义核心价值观

红色文化作为社会主义核心价值观的重要文化源泉，一直都在传承革命与进步的精神。这种文化坚守着为实现国家的兴盛、对祖国的忠诚与自豪，以及那种坚韧不拔、奋发向前的态度，这些都与社会主义核心价值观高度一致，也都是河北红色义化的核心内涵。

河北红色文化不仅随着时代的进步而不断刷新，更与国家的大方向、人民的实际生活相结合。河北各市县的红色遗迹、文献资料等，都是当年革命斗争的见证，是中华儿女对国家、对民族的深沉情感与追求的体现，它们记录了华北地区人民不怕困难、共同努力、为革命事业献身的历程，将革命历史直观地展示给现代人，引发深深的共鸣，有助于更好地传承和实践社会主义核心价值观，激励大家生活在这一价值观的指引下。

3. 推动社会的稳健发展

红色文化作为一种深刻的意识形态，对维护社会稳定与推动经济和社会的全面进步具有不可替代的作用。正如文化分为具有前瞻性、科学性的先进文化与带有传统糟粕的保守文化，先进文化对于社会的秩序维护和经济激励是至关重要的；而保守文化往往会对社会的意识形态产生困惑，对个体的价值观导向产生误导。红色文化凭借其科学、民族、大众的特质，明确属于先进文化类别，它对于地方的社会稳定和人民的幸福生活发挥了核心的稳定器作用。但在当前文化多样化的背景下，如何保持红色文化的主导地位，确保它为社会的稳定和进步作出更大的贡献，需要深入思考和策略部署。

四、河北红色文化的意义与影响

河北红色文化不仅是一个地区的文化记忆，更是全国乃至全世界革命历程中的一部分，它的出现和发展，代表了人民追求自由、平等和正义的不懈努力。河北红色文化的意义主要体现在以下三个方面。

（一）启示与教育

河北红色文化是一面历史的镜子，映照出那段血与火的岁月，从中人们可以看到一代代河北人民在逆境中坚韧不拔，为理想而战。河北的每一块革命遗址、每一篇红色文章、每一首红色歌曲，都成为后人学习和借鉴的资源。

在早期的工人运动中，河北人民为争取劳动权益，面对严重的打压与迫害，始终坚守信仰，勇往直前，这种坚定不移的信念，为后人提供了坚守原则、勇于斗争的生动教材。河北红色文化还强调了战略思维和策略调整的重要性，即如何在复杂的政治局势中，灵活地调整策略，取得革命的最终胜利。

这种丰富的历史经验为后人在面对困境时提供了宝贵的启示，它教导人们，只有保持坚定的信念，积极地学习和总结，才能够在各种挑战面前，找到正确的路径，走向胜利。河北红色文化所蕴含的这种精神和智慧，对于培养新时代的青年人具有深远的启示和教育意义。

（二）凝聚与激励

河北红色文化在历史的长河中已经成为一个重要的精神坐标，代表着无数革命者的坚持与牺牲，这种精神深深地烙印在河北大地上，成为一代又一代河北人民的精神食粮。

河北作为中国的政治、经济和文化重地，在中国的红色运动中起到了至关重要的作用。当人们回首那段历史，不难发现，在每一个关键时刻，河北都有一批革命者挺身而出，为共和国的建立和发展作出了巨大的贡献。这种为国家、为人民不惜一切的精神，是河北红色文化中最为宝贵的财富，正是因为有这样的文化背景和历史积淀，河北红色文化在当代才依然具有极强的凝聚力和激励作用。它不仅仅是一个地区的历史记忆，更是一种跨越时空的情感纽带，连接着每一个热爱这片土地的河北人。当代的河北青年，在接触到这段历史时，会深深地受到感染和鼓舞，为之心潮澎湃，为之奋发图强。

河北红色文化所强调的集体主义和团结协作的理念，在当今社会依然具有极大的现实意义。在面对各种挑战和困难时，河北人民始终能够团结一心，共同努力，这种精神力量正是源于红色文化的深厚底蕴。无论是在经济发展、文化建设，还是在其他领域，河北红色文化都为人们提供了强大的凝聚力和动力，成为河北发展的重要推动力。

（三）传承与创新

河北红色文化承载着丰富的历史信息和深沉的民族记忆，不仅是对过去的传承，更是对未来的探索和期待。这种文化既有坚定的历史立场，又不囿于传统，始终在传承与创新之间寻找平衡。

在传承方面，河北红色文化始终保持着对那段革命历史的尊重和研究，各种革命遗址、红色教育基地和红色主题活动，都是为了使这段历史得以延续，使更多的人了解和感受到那个时代的热血与激情。这种对历史的尊重和继承，使得河北红色文化在时代变迁中，始终保持着鲜活的生命力。然而，单纯的传承是远远不够的。面对现代社会的多元化和快速发展，河北红色文化也在努力寻找与时俱进的方式，这种探索不仅仅是在形式上的创新，更是在内容和思想上的升华，它试图将革命时期的思想精髓与现代社会的实际需求相结合，从而赋予其更加广泛和深入的意义。例如，河北红色文化在保护革命遗址的同时，也推动了现代艺术、文化和教育的发展。许多现代艺术作品、影视剧和文学创作，都受到了红色文化的启发和影响，这些作品不仅仅是对过去的回顾，更是对未来的展望和期待，它们在继承传统的基础上，展现了新的创意和思考。

五、河北红色文化在日常生活中的体现

红色文化在河北根深蒂固，已经深深融入了当地民众的日常生活，成为河北文化的一个重要组成部分，这既是对历史的传承，也是对传统与现代、过去与未来之间平衡的探索。这种深入骨髓的红色文化对河北人民来说，不仅是一种文化认同，更是一种精神寄托，它让河北人民更加珍视自己的历史，也更加珍视与国家的联系。

（一）节日与纪念活动中河北红色文化的体现

河北作为中国红色文化的一个重要发源地，节日与纪念活动中对红色文化的传承和纪念显得尤为突出。对于河北人民来说，这些活动不仅仅是对重要历史事件的回顾，更是对先辈的缅怀、对革命精神的传承。

河北各地的纪念活动经常以大型集会、座谈会、专题讲座等形式进行，这些活动通常会邀请历史学者、红色文化研究者以及曾经参与过革命的老兵来分享他们的故事和经验。河北还有许多红色景点和纪念地，如红军驻地、红色学校、革命烈士陵园等。在重要的纪念日，如"七一"党的生日、红军长征胜利纪念日等，这些红色景点和纪念地都会成为当地民众纪念的重要场所，这些地点不仅仅是历史的见证，更是教育年青一代关于红色文化和革命历史的重要基地。

河北的红色文化活动也得到了社会的广泛关注和参与，许多社区、学校、企业和机关单位都会组织员工和居民参与各种纪念活动。这种广泛的参与确保了红色文化在河北得到了传承。

（二）民间传统中河北红色文化的体现

河北拥有深厚的历史文化底蕴。红色文化在与河北民间传统相融合的过程中，形成了一种独特的文化现象，体现了河北人民对红色文化的珍视和对民间传统的继承。

首先，红色文化在河北的民间传统中表现为各种红色主题的民间活动。例如，在一些重要的节日或纪念日，河北的村落和城镇经常会组织红色主题的庙会。这些庙会不仅有各种红色文化的展览和宣传，还会结合当地的民间艺术，如刺绣、剪纸、泥塑等，展示红色文化与民间艺术的完美融合。其次，戏曲作为中国传统文化的重要组成部分，也在红色文化的影响下呈现出了新的风貌。河北的一些传统戏曲剧目，如梆子、锣鼓书、评书等，都属于红色文化的元素。这些剧目通过讲述革命历史、英雄事迹，不仅深受当地民众的喜爱，还为年青一代提供了了解红色文化的窗口。

除了这些公共活动，红色文化还体现在许多河北民间传统的习俗和活动中。例如，在农历新年或其他重要节日，河北家家户户的门前都会挂上红色的灯笼和对联，其中都融入了红色文化的元素，表达对革命先辈的怀念和对红色文化的传承。又如，河北的一些村落会在每年的某个特定时间组织红色歌舞晚会，使村民们通过歌曲和舞蹈表达对红色文化的热爱和传承。

（三）日常用品中河北红色文化的体现

河北的红色文化渗入民众的日常生活，使红色元素成为日常用品设计的一种独特表达方式，这不仅反映了红色文化的深入人心，还证明了其在当代仍具有魅力和影响力。

河北的传统手工艺品，如陶瓷、刺绣、剪纸等，已经与红色文化相结合，创作出了许多令人难以忘怀的作品。例如，一些陶瓷艺术家采用红色为主色调，制作了描绘革命历史场景的瓷盘、瓷瓶，这些作品不仅彰显了陶瓷艺术的魅力，还让观者深刻体会到了红色文化的重要性。在许多河北家庭中，可以看到挂有红色主题的挂毯、桌布或抱枕，这些日常物品不仅增添了家庭的温馨感，还使红色文化成为家的一部分，为日常生活增添了丰富的文化氛围。

红色主题的纪念品也在河北十分受欢迎，无论是印有红色文化图案的日历，还是刻有红色元素的徽章和钥匙扣，都成为人们喜爱的收藏品。这些纪念品不仅让人们随时随地都可以感受到红色文化的魅力，还为许多旅客提供了一种具有河北特色的纪念。

第二节　红色文化在河北的多元呈现

河北作为革命的摇篮，孕育了丰富的红色文化。在这片土地上，红色文化不仅是历史的见证，更在当代得到了生动、多样的表达。无论是影像的记录、教育的普及还是旅游的挖掘，都使红色文化在河北焕发出了新的生命力。

一、河北红色文化资源的影像表达

红色文化是中国特色社会主义文化的核心组成部分，而影像作为一种直观、生动的表达方式，为河北红色文化的传播提供了得天独厚的条件，它不仅记录了历史，更为红色文化的传承和发展提供了新的动力。河北，这片古老而又充满活力的土地，正借助影像的力量，让红色文化在新的时代里焕发出更为璀璨的光芒。

（一）早期红色电影与电视剧的风采

新中国成立后，河北红色文化的影像捕捉和传播就已经启动，这段时期的影像传达以大荧幕上的电影为主导。尽管此时的河北红色文化电影尚未完全定型，但多部具有广泛影响的红色影片已经浮出水面。例如，人们熟知的《白毛女》《新儿女英雄传》《鸡毛信》《董存瑞》《平原游击队》《狼牙山五壮士》《小兵张嘎》《地道战》《解放石家庄》《新兵马强》《望日莲》《风云初记》《瓜棚女杰》都在此期间上映。在小屏幕上，尽管当时电视技术尚在起步阶段，但《红日》《少奇同志》等电视作品也吸引了大量观众。值得一提的是，《白毛女》《董存瑞》和《平原游击队》都被评为国家级优秀故事片；影片《鸡毛信》和《新儿女英雄传》在国际舞台上也赢得了荣誉，有助于提高河北的国际知名度。

这些早期红色影片以革命历史为主题，多使用现实手法描述战争情境，具有显著的政治教育功能。更重要的是，它们在展现战争的同时，也深入挖掘了战争与人的深刻联系，探讨了人性在战争中的变迁与反思。

（二）主旋律电影与电视剧的盛放

随着 20 世纪 80 年代末至 90 年代初社会背景的转变，意识形态建设的重要性被党和政府高度重视。大量的电视制作单位将焦点转向"主旋律"作品，使其在荧幕上回响得更为深沉。例如，《刘邓在平汉前线》《不散的军魂》等在此期间纷纷亮相。随后的《冷月无声》《丰碑》《边区创举》等都代表了这一时代的主旋律。在大屏幕上，《剑吼长城东》《白求恩——一个英雄的成长》《非常战线》等也取得了不俗的成绩。进入 21 世纪，河北红色影像在荧屏上仍保持了其活跃态势。例如，《萧劲光大将》《滹沱河风云》等都受到了人们的喜爱。这一时期的作品，为了更好地展现主旋律特色，往往选择与重大革命历史事件或英雄传记相关的题材。

值得关注的是，除了传统的电影与电视剧，红色文化的影像表达方式也开始多样化。现代戏剧、电视剧以及一系列纪录片，如《燕赵儿女抗洪歌》《晋察冀文艺兵》《西柏坡》等，都为人们带来了全新的视觉体验。特别是纪录片，《三条驴腿的故事》等作品展示了河北红色文化的魅力。21 世纪起，我国电视纪录片迎来了飞速发展的时代。凭借河北丰厚的红色文化资源，《李大钊》《新中国从这里走来》《开端》等作品相继问世。其中，《新中国从这里走来》《开端》《八路军》三部被誉为革命历史题材纪录片的"党政军三部曲"，它们不仅受到了人们的喜爱，也为河北红色文化的影像传播创造了新的里程碑。

（三）河北影视的华丽崛起："河北现象"

2009—2013 年是河北影视产业发展的黄金时期，在激烈的市场竞争中，河北影视坚守自己的方向，逐步崭露头角，形成了具有中国特色和河北地方风情的独特影视风格，被称为"河北风"，这一现象被著名文艺评论家仲呈祥称为"河北现象"。这一时期，河北的影视作品以革命历史题材为主导，打造了大量的高品质作品。电视剧如《为了新中国前进》《我的故乡晋察冀》《闯天下》等，都取得了不俗的成绩。此外，河北电影产业也不甘示弱，拍摄了《西柏坡》《周恩来的四个昼夜》等受欢迎的影片。动画影片《西柏坡》则是将红色故事以动画的形式呈现给人们，获得了良好的反响。除了传统的电影和电视剧，红色纪录片在这一时期也受到了广大人们的关注。《燕赵壮歌》《唐山抗震纪念馆》等纪录片，都为人们呈现了河北的历史和人文风貌。

在这 5 年的时间里，河北影视逐渐从默默无闻走到了中国影视市场的前沿。河北影视的成功，部分得益于其深厚的红色文化底蕴。影视工作者在反思经验的同时，也要认识到河北未来影视发展的方向，那就是利用河北丰富的历史和人文资源，讲述真实、感人的河北故事。

（四）后"河北现象"时期：坚守红色文化道路的新航标

当"河北现象"结束时，关于这一现象的讨论并未随之停止。很多学者和业内人士对河北的影视产业抱有更大的期待。河北的红色影视制作继续坚定不移地沿着先前的路线发展，持续为人们呈现有关革命历史的精彩作品。河北的红色影视作品已经成为该地区的一个显著标志，被誉为"影视冀军"。这一时期，河北影视工业继续多角度、多领域地进行创作。例如，电视剧《太行山上》《区小队》《太行赤子》《最美的青春》等作品，均成功吸引了人们的关注；电影领域的《李保国》《那时风华》

《赛罕坝上》等影片，也都获得了相当好的反响；动画片《地道战之英雄出少年》和广播剧《太行山上新愚公》也都取得了不俗的成绩。这些成果的背后，都离不开河北深厚的红色文化底蕴。河北影视工作者始终坚持以红色文化为创作灵感，多方位、多领域地进行创作，为人们带来一部部高质量的影视作品。

值得注意的是，不仅仅是河北本土的影视工作者看到了河北红色文化的价值和魅力，全国各地的影视制作单位也都纷纷来到河北，希望能够利用这片富饶的红色文化资源，为人们带来更多关于河北的红色故事。

二、河北红色文化资源的教育传承

河北作为中国的一个重要省份，拥有丰富的红色文化资源。红色文化不仅仅是革命先辈为国家和人民作出牺牲的见证，更是中华民族精神的载体，是连接过去与现在的桥梁。为了确保这一宝贵的文化遗产能够得到有效的传承，河北在教育领域投入了大量的精力和资源。

（一）红色文化的综合教育实践

红色文化是中华民族在近现代历史中经历的丰富宝藏，其在河北的教育系统中得到了深度整合与广泛普及。

1. 课堂教学

河北在其教育体系中对红色文化给予了特别的重视。在学校的历史教学中，红色文化不仅作为一部分课程内容呈现，更被设计为一个系列的教学体验。当谈及河北在中国革命历程中的贡献，学生会被引导探究背后的深厚文化和历史价值。例如，西柏坡的抗日斗争、张家口、邢台等地的红色记忆都是教学重点。此外，为了更好地配合红色文化的教学，教育部门还制定了专门的教材和教学辅助材料，包括红色经典文献、音频、影视作品等，能够帮助学生更直观、更立体地了解红色历史。

2. 实践活动

河北的学校鼓励学生走出课堂，深入实际，亲身体验红色文化，多数学校都有组织学生参观革命遗址、红色文化村落和博物馆的传统。通过参加实地活动，学生不仅可以了解红色文化的历史背景，还能从中汲取革命先辈的精神和品质。这种结合课堂教学与实地考察的方式，更能够激发学生对红色文化的兴趣和探索欲望。

3. 研学旅行

河北丰富的红色历史资源为研学旅行提供了得天独厚的条件，近年来，河北的学校越来越注重结合教育与旅行，采用"寓教于游"的方式，带领学生走入真实的红色历史现场。在这种学习模式下，学生不仅可以身临其境地感受历史，还可以与历史遗址的管理者、资深历史学者、当地的居民等交流，获取第一手的资料和感受。例如，许多学校会组织学生到西柏坡参观，并邀请当地的老人或历史学者为学生讲述与西柏坡相关的历史故事和背景，使学生更为深入地了解该地的红色历史。此外，学生还会被鼓励进行主题性的创作活动，如绘画、摄影、写作等，将他们的所见所闻与所感所思融合在一起，形成自己的历史解读。不仅如此，研学旅行的活动还涵盖了对红色历史上的重要人物、事件、文化符号等进行深入探索。学生们有机会访问一些不为人知的红色历史角落，与当地的长者进行深度交流，了解他们的亲身经历和对红色文化的深厚感情，从而进一步加深对红色文化的认识和理解。

（二）高等教育中的红色文化研究

河北作为中国革命的重要根据地，拥有丰富的红色文化遗产，这些文化遗产不仅在基础教育中得到了传承，而且在高等教育领域得到了深入的研究和探讨。高校是研究和创新的重要阵地，而河北的高等教育机构为红色文化的学术研究提供了坚实的平台和丰富的资源。

1. 专业设立

随着红色文化的重要性在学术界和社会公众中的日益凸显，河北的高等教育机构开始重视这一研究领域。在许多知名大学，如河北大学、河北师范大学等，都设有专门研究红色文化的中心或实验室，这些研究机构不仅具备丰富的档案和资料，还经常组织学术研讨会、讲座和展览，推动红色文化的深度研究。为了培养专门从事红色文化研究的人才，一些大学还与当地的红色文化遗址和机构建立了合作关系，为学生提供实地考察和实践的机会。通过这种与实际相结合的教育方式，学生不仅可以系统地学习红色文化的理论知识，还可以在实践中深化对其的理解。河北的高等教育机构还在硕士研究生和博士研究生培养方案中增设了与红色文化相关的课程，如"红色文化与当代中国""红色遗址保护与传承"等，以培养学生的研究能力和创新思维。这些课程不仅涵盖了红色文化的历史和理论，还注重与其他学科的交叉融合，如历史学、社会学、文化学等，使学生能够从多角度、多层面对红色文化进行研究。

2. 学术研究

在河北的高等教育环境中，红色文化的学术研究已成为一个独立而又关键的领域，这种研究不仅涉及对过去历史事件的深入挖掘和理解，还针对红色文化在当代如何被诠释和传承进行了广泛的探索。

随着研究的深入，河北的学者们逐渐认识到，红色文化不仅仅是对历史事件或英雄事迹的记载，它还与河北地区的社会、经济和文化发展紧密相关。因此，一系列的研究项目被发起，旨在探讨红色文化如何影响河北的现代化进程，以及红色文化与河北地区的其他文化传统如何相互作用。考虑到红色文化在当代社会的价值，许多研究者也致力找到更加创新和有效的传承方式。例如，如何利用现代科技手段，如虚拟现实和增强现实技术，使青少年更加直观和生动地体验红色文化；如何结合当地的非物质文化遗产，如传统艺术和工艺，来重新诠释红色文化等。河北的学术界也非常注重国际交流与合作，许多学者赴海外参加学术会议和研讨会，与国际同行分享河北的红色文化研究成果，也从国外的经验和观点中获取灵感。这种国际化的学术交流，不仅提高了河北红色文化研究的学术水平，也为红色文化的全球传播和认同创造了条件。

3. 研究成果

河北高等教育机构对红色文化的研究，已经催生了丰富多彩的学术成果，这些成果不仅在国内得到了广泛认可，也在国际学术界赢得了一定的声誉，具体有以下四个方面。

第一，论文与期刊。众多的学者、教授及研究生在红色文化研究中作出了自己的贡献，他们的研究成果以学术论文的形式发布在多种国内外知名的历史、文化和社会科学期刊上。这些论文涵盖了红色文化的各个方面，如历史事件、人物、文艺创作、社会影响等。

第二，学术著作。部分深入的研究已经被整合和编纂成书，成为专业领域内的重要参考书籍。这些著作不仅为红色文化研究者提供了宝贵的资料，也为广大读者提供了了解红色文化的途径。

第三，学术会议与研讨会。河北的高校和红色文化研究机构会时常举办或参加与红色文化相关的学术活动，这为学者们提供了一个分享研究成果、交换思想和建立合作关系的平台。此外，这些活动也吸引了众多海外学者的参与，加强了国际学术交流。

第四，数字化项目。随着技术的进步，一些研究成果被转化为数字资源，如在线数据库、虚拟展览和互动平台等。这些项目使得红色文化的研究和传承更加便利，同时也为公众提供了一个更加直观的学习方式。

（三）社会化的红色文化教育

社会化的红色文化教育是指跳出传统的学校教育框架，在社会各个领域和层面广泛开展的红色文化教育活动。这种教育模式为红色文化的传承和普及创造了新的机会，能够更好地将红色文化融入人们的日常生活中。

1. 红色文化宣传月活动

河北为了进一步推广红色文化，设定了红色文化宣传月，在此期间，各种媒体平台如广播、电视、报纸和互联网会大量发布与红色文化相关的内容。这些内容不仅仅是历史回顾，还涵盖了红色文化在现代生活中的价值。各种艺术表演、展览和讲座也会在红色文化宣传月集中开展，为公众提供更为丰富的红色文化体验。

2. 社区活动的融入

河北各地的社区已逐渐认识到红色文化的价值和重要性，开始将其作为日常教育和活动的核心内容，这种融入方式不仅强化了居民对红色文化的了解和认同，还加强了社区间的文化交流。社区会定期邀请红色文化专家或历史见证者来分享他们的知识和经验，这些分享常常会引起居民的深入思考和热烈讨论。红色文化不仅是知识的传播，更是情感的交流和历史的延续。社区还会组织各种与红色文化相关的艺术和手工活动，鼓励居民参与，通过这些活动，居民不仅可以更深入地了解红色文化，还可以在实践中体验和感受其深厚的历史和文化底蕴。河北的许多社区还与当地的红色文化遗址和博物馆建立了紧密的合作关系，组织居民进行实地参观和学习，这种直接的互动方式，使得红色文化更加鲜活地呈现在居民眼前，深化了他们对红色文化的理解和情感认同。

3.红色文化与现代生活的结合

在当今社会，红色文化与现代生活紧密相连，河北对此把握得当，创新性地将两者结合，使红色文化更具活力和现代感。红色文化在河北的传承并不仅限于历史回顾，而是与时俱进，与现代生活产生多种互动。例如，设计师们将红色元素融入日常产品设计中，无论是家居、服饰还是日用品，都能见到红色文化的痕迹。这些富有创意的设计让红色文化更加生活化，与大众产生更密切的连接。

在娱乐产业中，红色文化也有所体现。不少电影和电视剧以红色历史为背景，讲述那个时代的人、事件和情感，这些影视作品通过现代化的叙述和演绎，将红色文化呈现给广大观众，让更多的人了解和接触到这段历史；音乐领域也不例外，一些新生代的音乐人将红色歌曲重新编排，或创作与红色文化相关的新歌曲，这些作品既保留了红色文化的精髓，又加入了现代元素，受到了广大听众的喜爱；河北的各种文化节和艺术活动也经常融入红色文化元素，无论是大型的艺术节还是小规模的社区活动，红色文化都是不可或缺的一部分，为活动增添了历史的深度和文化的厚重。

三、河北红色文化的旅游开发与利用

河北红色文化不仅是对中国革命历史的见证，也是宝贵的旅游资源。随着红色旅游的兴起，河北对其红色文化资源进行了深度挖掘和广泛开发，为游客带来了独特的旅游体验。

（一）红色旅游景点的保护与重塑

河北拥有众多的红色旅游景点，每一个都承载着一段段革命历史的回忆。但随着时间的推移，无论是自然的侵蚀还是人为的损伤，都或多或少地导致这些景点失去了其原有的风貌。因此，对于这些珍贵的文化遗产，如何有效保护和合理重塑成为河北在红色旅游发展中面临的主要问题。

红色旅游景点的保护工作不仅仅是为了维持其原有的状态，更重要的是要让每一个来到这里的游客都能够真实地感受到那段历史的氛围。这就需要有关部门对每一个景点都进行细致的研究，了解它的历史背景、文化内涵以及损伤情况，从而制定出合理的保护措施。例如，在对古建筑进行修复时，不仅要恢复其外观，还要尽量保留其原有的材料和工艺，确保修复后的建筑既能够展现其历史的真实性，也能够满足现代的使用需求。

但是，对于一些已经严重损坏或失去原有风貌的红色旅游景点，单纯的保护已经不能满足现代游客的需求，这就需要对这些景点进行合理的重塑，推出新的旅游产品。在重塑的过程中，不仅要充分考虑景点的历史背景和文化内涵，还要结合现代的设计理念和技术手段，打造出既有历史感又富有创意的旅游景点。例如，在红色旧址建设红色文化主题馆或纪念馆，通过现代化的展示手段和技术，展现历史的真实面貌和该旧址深厚的文化底蕴。

红色旅游景点的保护与重塑工作还需要结合当地的自然环境和社会文化。河北拥有亮丽的自然风光和深厚的地域文化，这为红色旅游景点的保护与重塑提供了独特的条件和无尽的创意来源。例如，可以将红色旅游景点与当地的自然风光相结合，打造出红色生态旅游产品，这样既能够展现出革命历史的真实面貌，也能够让游客领略到当地的自然之美。

（二）红色旅游路线的规划与推广

河北拥有丰富的红色文化遗产，为了最大化地发挥这些资源的价值，并为游客提供深刻的红色文化体验，对红色旅游路线的精心规划与有效推广至关重要。

在规划阶段，河北特别注重旅游路线的完整性和连贯性。这意味着每个旅游路线都应能够为游客呈现一个完整的革命历史故事，从起点到终点，游客都能深刻体验到那段历史的起伏和变迁。此外，为了满足不同游客的需求，河北也提供了具有不同特色和亮点的多样化路线。例如，某条路线可能专注某个特定的历史事件或时期，而另一条路线则提供一个更全面的红色历史概览。

在推广阶段，河北采用了多种方法提高红色旅游路线的知名度和吸引力。首先，河北红色旅游创建了一系列响亮的品牌名称和标语，树立了一个明确且引人注目的形象。其次，通过电视、广播、报纸以及社交媒体等多种渠道进行了全方位的宣传活动，大量的红色旅游宣传片、广告、文章被发布和分享，使河北红色旅游的信息迅速传播到各个角落。最后，河北还与各大旅游企业和平台进行合作，推出了一系列优惠政策、套餐产品和活动，进一步刺激了经济的发展。

（三）红色旅游产品的创新与开发

红色旅游不仅仅是对历史的回顾，也是对现代生活中红色精神的继承和发扬。为了满足日益丰富和多样化的市场需求，河北在红色旅游产品方面进行了一系列的创新与开发。

河北深知红色旅游的核心在于教育和传承，因此，河北推出了一系列红色研学旅行产品。这些产品不仅为学生提供了近距离接触革命历史的机会，还融入实践活动，让学生们在游玩中学习，真正体会红色精神的力量。例如，学生们可以参与模拟的红军长征活动，体验红军战士的艰难生活，深刻理解他们的坚强意志和牺牲精神。

河北还充分考虑到成人游客的需求，特别是那些对红色历史有深厚情感和兴趣的中老年游客，为此，河北推出了红色文化体验产品。这些产品旨在让游客深度融入当地的红色文化，参与其中，体验其中。例如，游客可以参与革命历史话剧的演出，或者加入手工艺品制作工坊，学习制作与红色文化相关的纪念品。这样的深度体验不仅能够让游客更加深入地了解红色文化，还能够让他们真正地成为红色文化的拥护者。考虑到科技和数字化在当代旅游行业中的日益重要，河北还利用现代科技推出了红色数字旅游产品。例如，通过虚拟现实技术，游客可以身临其境地回到革命时期，见证那段重要的历史时刻；又如，通过移动应用程序，游客可以在游玩时获取更加丰富和详细的红色文化资讯，进一步丰富他们的旅游体验。

（四）红色旅游与地方经济的融合

红色旅游在河北已成为推动地方经济发展的重要力量，它与地方经济的融合，不仅仅是在单一的旅游业中，更是在多个经济领域形成了深度的交互。

红色旅游的兴起带动了与之相关的各种产业的发展。交通、住宿、餐饮、娱乐、文化产品制作等行业的收入，都因为红色旅游的繁荣而得到了快速的增长。例如，为满足游客的出行需求，河北的交通设施得到了加强和改善，更多的班车和专线列车被投入运营，各地红色旅游景点间的交通连接也更加便捷。住宿和餐饮业也在蓬勃发展，传统的宾馆、酒店迅速增加，众多与红色主题相关的特色旅店、农家乐也如雨后春笋般出现，这些特色住宿地点，往往能够为人们提供更为深入的红色文化体验。随着红色旅游的繁荣，河北的文创产业也得到了快速的发展，红色主题的书店、艺术工作室、手工艺品店等纷纷开业，提供各类与红色文化相关的产品，如书籍、工艺品等。

第三节　河北红色文化的保护与传承策略

在中国的广阔土地上，河北以其独特的地理位置和深厚的历史背景积累了丰富的红色文化遗产，这些遗产不仅是革命先辈的鲜血和汗水的结晶，更是河北乃至全国人民的共同记忆。在文化强国背景下，如何对这些红色文化进行保护、传承并赋予红色文化新的生命力，是当下河北面临的重要课题。

一、建立河北红色文化协同联动机制

红色文化作为中国革命和历史的重要组成部分，对于今天的河北及全国其他地区仍然具有深远的意义。为了更好地保护、传承和发展红色文化，有必要建立一个协同联动的机制。

（一）政府对红色文化建设监管的加强

红色文化作为中国革命历史的重要组成部分，其影响深远。因此，对这一文化的传承和发展对国家的整体发展和国民精神面貌的改善都有

深远的影响。这要求政府必须进行有效的调整和指导，确保红色文化的传承方向明确并与时俱进。近年来，河北各级党组织和行政部门高度重视习近平总书记关于红色文化传承的指示，将之视为发展当地红色文化的行动指南。为此，河北对红色文化进行了大量的投入，相关设施不断完善，教育普及范围逐渐扩大。但与此同时，也存在一些问题，如未经审批的改建、展示方式和内容的陈旧，以及对文物的保护不力等。为了解决上述问题，河北出台了一系列红色文化改革和实施意见，明确了红色文化的发展方向和标准，这些指导意见旨在加强红色文化建设和监管，确保红色文化资源的有效利用和高质量发展。

为了推动红色文化的深入传播和发展，政府需要发挥其在市场和社会中的宏观调控作用，协调各方关系，从而促进红色文化的传承。这要求各级管理部门端正工作态度，强化公共服务意识，提高工作水平，简化行政流程，确保基础设施建设的高效进行。只有这样，红色文化才能在良好的环境中得到保护和发展，为构建社会主义现代化新河北作出更大的贡献。

（二）高校和科研机构智库作用的发挥

深度解读和传播红色文化需要探寻其核心理念，这一任务离不开高等教育机构和科研单位的协助。从功能性角度看，这些机构能助推红色文化走向更加科学的方向，培育专业的人才团队。这些学府还可以为学生营造浓厚的红色文化教育情境，提供丰富的资源与环境，让学生真正领会红色文化深厚的内涵，从而加深他们对红色文化的认识。然而，多种因素导致高校在红色文化宣传和培训方面遭遇障碍。其中，部分学生对红色文化的认同感不强是一个明显的问题。他们生活在和平年代，物质生活较为丰富，很多学生难以深入体会那些艰难岁月，因此，他们对红色文化的理解和感情都相对淡薄。面对上述问题，高等教育及相关机构采纳的策略有以下三点：一是构建多元化的红色文化学习平台，如举办特色讲座、知识竞赛等；二是刷新思政课程的内容和教学方法，使之更加生动有趣；三是与红色文化单位合作，引入行业专家为学生讲述红色故事，组织学生参观红色文化遗址，增强红色文化对他们的吸引力。

（三）引入社会资源，激发市场活力

红色文化与社会资源不应割裂，应该紧密结合，通过各种社会渠道助力红色文化的延续与扩散。现在，红色项目可以视为连接红色文化与社会资源的桥梁，有关部门可以借助企业和其他社会组织，引导资金流向红色文化的开发与创新；通过当下的发展策略，实现红色文化的市场化；借助新的机制，吸引外部投资，凸显红色文化在市场经济中的价值，逐渐构建一个完整的产业链。面对当前形势，政府应当积极支持红色文化的繁荣，尤其在地方层面，如河北等地，应摒弃传统的观念束缚，大胆创新，构建优质的投资环境；要鼓励更多的民间力量参与其中，整合各种资源，使市场重新充满活力。这将为红色文化带来更多的资金支持，进一步扩展其产业链，并确保其持续繁荣。

目前，社会各界对红色文化的参与仍有待加强，应加大宣传力度和激励机制，使红色文化开启新的历史篇章。随着现代人对精神文化追求的加深，红色文化所蕴含的巨大潜力也日渐显现。

二、加强河北红色文化开发

河北作为历史悠久的省份，有着大量的红色文化资源。加强河北红色文化的开发，不仅可以有效保护和传承这一宝贵的文化遗产，还能为河北带来经济效益和文化影响力的提升。

（一）河北红色文化资源的挖掘

河北作为中国红色文化的聚集地，承载着丰富的历史和革命记忆。河北不仅是中国共产党初创之地的关键区域，还是许多领导人及革命者，如赵博生、董振堂和佟麟阁的活动场所。

河北众多的革命历史纪念馆是红色文化教育的关键阵地。然而，许多革命遗址和资料受到损坏或忽视，部分因城乡建设而遭到改变或破坏，这种状况暴露了对红色文化关注度的不足，应立即进行整改，确保红色文化的持久传承。要有效挖掘红色文化，必须始终保持其红色的核心价值，培养出真正的爱国者和社会主义者。在保护与发展红色文化资源时，人们应遵循可持续的原则，保证资源的长期利用，确保在利用中避免对其造成损害。

红色文化的传承与发展须紧跟时代脉搏，注入新的时代内涵。如今，艰苦奋斗精神仅仅更多地体现在人们的工作和思维中。为了使红色文化更加贴近大众，有关部门可以联合旅行社开发红色旅游路线，结合河北美丽的生态和风景，以红色文化为中心，推动其融入人们的日常生活中，成为独特的文化旅游品牌。

（二）河北红色文化资源的整合

红色文化应该在整体中体现其核心特性，为了更清晰地呈现其魅力，应以红色为文化主线，辅以其他文化元素，确保核心思想始终突出。河北的红色文化不仅应该展示其历史价值，还要持续地深化其现代社会意义。与此同时，探讨红色文化与其他文化——如"绿色文化"——的融合也非常重要。例如，在红色景区中融入绿色元素，实现红绿文化的共同发展。

对于主题整合可以从两个方向进行，纵向整合是按照历史时间线进行排序，确保在不同的历史时点，其主题内容与时代相适应；横向整合则是将同一时期的不同文化内容合并，以丰富其深度和广度。在区域整合方面，河北的红色文化资源应该按照区域进行明确划分，区域之间应该追求协同和共享，便于资源的优化利用和整体的协调发展。河北的文化资源分布在不同的市县，对于它们的管理和保护往往显得零散，因此，有关部门需要对这些资源进行更加集中和统一的管理，以减少资源浪费，提高其利用效率。此外，河北作为红色文化的重要发源地，与其他省份的文化资源整合同样具有重要意义，这可以进一步增强河北红色文化在全国范围内的影响力和竞争力。

（三）创建河北红色文化资源的品牌优势

河北红色文化作为深厚的历史遗产，应当被塑造为一个鲜明特色的品牌，使其具备广泛的影响力。在品牌建设的初期，对红色文化资源进行深入的调研和整合是至关重要的。通过确保利用的是真实、原生且有历史价值的文化元素，并将这些元素与河北的大事件历史相结合，可以赋予其更深远的意义。为了红色文化的长远发展，必须重视对已有文化资源的保护，尤其是那些具有特殊意义的资源，要保证其原生态和真实性不应被破坏。基于此，结合河北的地域特色，逐步塑造其独特的文化品牌。

红色文化不仅是历史遗产，也是一个具有潜在商业价值的品牌，权衡其社会和商业价值至关重要，需要弘扬红色文化的核心意义，注重其商业潜能的挖掘。通过让更多的外地游客了解和参与河北红色文化，也能够实现其社会和商业价值的完美结合。

随着互联网的快速发展，新的传播手段和策略不断涌现。为了更好地宣传河北红色文化，应积极利用这些新媒体，如短视频、直播等。同时，可以结合现代文化和科技手段，使红色文化更加贴近现代生活，增强其吸引力和影响力。

三、创新河北红色文化的传承方式

（一）综合运用多种文化传播载体

红色文化的传播不应该拘泥于传统形式，更应该利用现在流行的方式，由政府出面，提供人力物力帮助制作一些影视艺术作品，专门表达红色文化，保证文化的扩展。①在信息技术飞速发展的今天，红色文化的传播渠道繁多，但其信息呈现形势仍然相对单一。在当前的网络时代，信息的表现方式日趋多元，从而使红色文化更容易吸引人们的关注，并提升其在人们心中的地位。目前，红色文化主要通过互联网上的网站、微博和论坛等进行传播，覆盖了广大的互联网用户，这样的传播方式不仅涵盖了众多用户，还实现了与受众之间的互动。以西柏坡为例，其红色文化可以通过官网、专门的贴吧、微博账号和微信公众号等方式进行传播。网络传播平台为红色文化的宣传提供了良好的场所，通过对这些平台的有效运营，可以使更多的人了解和认同红色文化，形成良好的传播氛围。目前，红色文化的信息主要通过文字、图片和视频进行传播，但动画和游戏作为现代人更喜欢的信息获取途径，在红色文化传播中仍然存在巨大的潜力。

红色文化宣传部门要充分发挥互联网的优势，综合运用各种文化传播途径，推进河北红色文化的宣传。例如，打造线上线下双渠道宣传模式，让红色文化不仅在河北，而且在全国乃至全球范围内被更多人了解；地方可以举办红色文化节，把红歌比赛、主题公园、文化广场和主题餐厅等活动引入其中，加强红色文化的氛围。此外，红色博物馆和纪

---

① 张雨：《新媒体环境下河北红色文化传播的困境》，《明日风尚》2016年15期。

念馆也应该进行改革，引入新的科学技术，使游客更加融入其中。借助多媒体技术，可以建立河北红色文化影视数据库，将大量红色文化资源整合起来。近年来，红色题材的影视作品逐渐受到关注，这为红色文化提供了新的传播平台。河北丰富的红色文化资源具有巨大的发展潜力，只要转变思路，就可以实现红色文化的广泛传播。

（二）打造"互联网+"红色文化

在数字化时代，互联网已成为文化传播的主流渠道，为了让红色文化在新的时代背景下更好地传承下去，结合互联网进行传播是关键。

1. 数字化红色资源

随着时代的发展，物理资料容易受到时间和自然环境的损坏，而数字化技术则为传统资源的保护和传承提供了强大的支持。红色文化作为中国的宝贵历史遗产，每一张照片、每一段视频、每一篇文献都是历史的见证，需要得到妥善保存。河北拥有大量的红色文化资源，从文字、手稿到音视频资料，通过数字化技术，这些资源可以得到长久、安全的保存，而且还可以被更多的人接触。数字化不仅仅是简单地扫描或录制，它还包括对原始数据的分类、整理和标注，以便将来的研究和应用。此外，数字化红色资源还可以结合现代的搜索技术，使用户能够更加便捷地找到自己感兴趣的内容。

2. 红色文化云平台

红色文化云平台的构想是建立一个集所有红色文化资源于一体的在线中心。如今，人们越来越依赖网络来获取信息和知识，因此，拥有一个统一的平台显得尤为重要，这样的平台可以包含红色文化的所有方面，从基本的历史知识、重要事件、人物简介到深入的学术研究和分析。更为关键的是，这个平台可以实现资源的实时更新和互动交流。例如，学者和研究者可以在此上传自己的研究成果，对红色文化有兴趣的网友可以在论坛中提问、讨论。而针对年轻人，该平台还推出了各种互动教学应用，如红色文化的在线课程、虚拟实景游等，使他们以更加生动、直观的方式了解红色文化的历史和精神内涵。

3. 河北红色文化实景漫游

河北丰富的红色文化资源为实景漫游提供了得天独厚的背景。实景漫游结合现代科技，如虚拟现实与增强现实技术，允许访客置身红色文化的历史事件中，深切地体验其中的情感与故事。例如，当访客参观某个历史遗址或纪念馆时，他们可以通过 AR 眼镜或其他设备，看到历史上的场景重现，如革命先辈的演讲、战斗等。此外，还可以提供虚拟导游服务，详细解说每一个场景背后的历史背景和意义。这种沉浸式的体验使得红色文化更加生动和真实，尤其对年轻人来说，它提供了一种全新的学习与体验方式。

4. 红色文化线上展览

在数字化时代，线上展览为红色文化的推广和传播提供了一个宽广的平台。通过线上展览，不论地域，人们都能方便地接触和学习红色文化。例如，一个关于河北红色历史的在线摄影展，可以展示那些珍贵的历史照片，同时附上详细的文字解释。除此之外，线上展览还可以通过音频、视频、动画等多媒体形式展示内容，使其更加丰富和有趣。这种形式不仅仅局限于传统的展板展示，还可以利用互动技术，如让人们参与在线问答、互动游戏等，提高他们的参与度和兴趣。线上展览也为各国人民提供了一个了解河北红色文化的窗口，推动红色文化走向世界。

第八章
总结与展望

★　★　★

第一节　红色文化的活化传承

红色文化并不仅仅是一种关于过去的回忆，而是承载了一个民族的理想、情感和价值观，其深深根植于中国的历史，见证了一个民族的奋斗与崛起。然而，随着时间的流逝，社会的快速变革，以及新一代人对历史事件的逐渐模糊，红色文化面临被边缘化甚至遗忘的风险。如何确保这一宝贵的文化遗产既不失其本色，又能活跃在当代社会的日常生活中，显得尤为重要。适应现代语境，确保红色文化的持续活化，既是对历史的尊重，也是对未来的期许。

为了使红色文化在新的时代背景下得到有效的传承，必须采取适当的方式与策略。与其依赖传统的讲座、展览和文献，不如充分利用现代技术，如数字技术、互联网和多媒体，并将红色文化与艺术、教育、旅游业相结合，以实现红色文化的活化传承。

一、利用技术手段

红色文化深深根植于中国的历史与土壤，见证了中华民族伟大复兴。然而，如何将这一深厚的文化传统传递给数字时代的年轻人，使其既不失原始的真实性，又能适应现代社会的传播需求，已经成为一个挑战。现代技术手段在这一过程中扮演着至关重要的角色，为红色文化的活化与传承打开了新的路径。

（一）数字化保存与展示

红色文化作为一种深厚的文化遗产，长久以来主要依靠实物和传统媒介进行保存，然而，随着时间的推移，许多实物和媒介都可能受到损坏或遗失。数字技术的发展改变了这一现状，为红色文化提供了一个安全、稳定和高效的保存方式。数字化保存的好处显而易见：珍贵的历史照片、文件等资料可以获得"永恒"的生命，与传统的保存方式相比，数字化保存更为安全、稳定，不易受到物理环境的影响。更重要的是，通过数字技术，人们可以对这些资料进行复原、修复和增强，使其更加清晰和完整。

虚拟现实和增强现实技术的出现，为红色文化的展示带来了革命性的变化，使其可以不再局限于传统的展览和展示方式。人们现在可以通过虚拟现实和增强现实技术，真正地"步入"历史，与革命先辈们"面对面"，体验他们的伟大历程。这种全新的展示方式，无疑加深了人们对红色文化的认识和感受，使其更加深入人心。

（二）互动教育与传播

红色文化的传承不仅仅是对过去的回忆，更是对未来的期许。为了使更多的人了解和传承红色文化，教育与传播显得尤为重要，在现代社会，技术手段为这一任务提供了强大的支持。

多媒体技术的应用使教育内容变得更加生动有趣，通过图像、声音、动画等元素的结合，红色文化的故事和历史可以被更加真实和生动地呈现出来。这不仅增强了学习者的沉浸感和参与感，也使他们更容易理解和记忆相关内容。互联网，特别是社交媒体和在线教育平台，为红色文化的传播打开了新的大门，在这些平台上，红色文化的内容可以迅速传播，触及更广泛的受众。更值得关注的是，这些平台还提供了与受众互动的机会，通过互动，红色文化的传播者可以更加了解受众的需求和反馈，从而不断完善和优化传播内容和方式。

（三）红色旅游的智慧化

红色旅游作为红色文化的一大载体，已逐渐成为众多游客心中的首选。它所拥有的历史遗迹、故事和经验为游客提供了深入了解中国革命历程的宝贵机会。但随着现代社会对旅游体验期望的日益提高，如何借助技术提升红色旅游的吸引力和参与度成了一个重要课题。

智慧旅游的概念在近年来得到了广泛的关注，在红色旅游的背景下，这意味着运用各种技术手段，从导览、解说、参观等各个环节提供给游客更加丰富和深入的体验。例如，通过增强现实导览技术，游客可以在参观红色景点时，通过手机或其他设备，看到历史照片和影像，仿佛穿越到那个时代，亲历那段历史。大数据在红色旅游的智慧化中也发挥着至关重要的作用。景区管理者可以通过对游客行为进行数据分析，了解他们的兴趣点和需求，从而优化景区的布局、导览内容和服务设施。例如，通过流量预测，管理者可以提前调整景区的开放时间和路线，确保游客能够在舒适的环境中参观。

除此之外，人工智能也在红色旅游中发挥着越来越重要的作用。例如，智能机器人可以作为导游，为游客提供定制化的导览服务；语音识别技术可以帮助外国游客更好地理解导览内容，打破语言障碍；基于人工智能的推荐系统，可以根据游客的兴趣和行为为他们推荐合适的景点和活动，确保他们能够获得最佳的旅游体验。

（四）红色内容的创新表达

在多元化的信息时代，如何更好地呈现红色文化，使其既保持其历史真实性，又吸引现代受众，是一个值得深入探索的问题。传统的红色内容，如文字、图片和影片，已不再满足当代人对于内容消费的需求。因此，创新性地展现红色内容已成为时代的需求。

数字艺术为红色内容提供了全新的展现形式，通过数字化技术，传统的红色画作、雕塑和音乐都可以得到全新的解读和重构。例如，可以通过数字化技术将经典的红色画作变为动态图像，与人们进行更为直接的互动，让历史的情感和故事得到更为生动的传达。数字音乐与数字影视也为红色内容的创新提供了新的机会，经典的红色歌曲和故事可以得到重新编排和制作，以适应现代观众的审美和消费习惯。例如，可以将传统的红色歌曲进行重新编曲，结合现代音乐元素，使其既保持原有的韵味，又具有现代感。红色影片也可以通过数字技术得到重制和升级，以高清、3D等先进技术为人们提供更为震撼的观影体验。新媒体平台如短视频、直播和社交媒体，为红色内容的传播提供了更为广阔的平台，利用这些平台，红色故事和经验可以更为迅速地传播，触及更广泛的受众。例如，可以制作关于红色故事的短视频或动画，以更为生动和简洁的方式，将红色文化的核心理念传达给年轻人。

红色内容的创新表达不仅仅是形式上的创新，更重要的是内容上的深化与提炼。只有真正理解红色文化的核心，才能更好地将其传达给现代人，确保红色文化在新的时代背景下得到长久的传承与发扬。

二、加强跨界合作在红色文化活化传承中的价值

跨界合作为红色文化的活化传承提供了新的视角和策略，这种合作模式不仅能够拓宽红色文化的传播范围，还能为其注入新的创意和活力，确保红色文化在新的时代背景下依然光芒四射。

（一）与艺术的结合

红色文化与艺术的结合为两者都带来了新的机会和挑战，在这种结合中，红色文化得到了创新的再生，而艺术也找到了新的创作方向和价值意义。

红色文化在电影和戏剧中的呈现，往往能引发社会大众深入的反思和情感的共鸣，这类作品不仅仅是历史的再现，更是对人性、信仰和理想的探索。人们在观看过程中，不仅能获得对历史的认识，更能体验到作品中所蕴含的深刻情感和人文关怀，这使得红色题材的艺术作品具有广泛的吸引力和深远的社会影响。

现代艺术家在与红色文化的结合中，找到了全新的创作灵感，他们不再满足于简单地再现历史，而是开始尝试从中提炼出普遍的人类情感和经验，将其融入现代审美中。这种融合不仅仅是表面的技巧运用，更是对红色文化深度的挖掘和再创作。例如，许多现代艺术展览中的红色元素，如红星、军旗等，已经超越了其原有的历史背景，成为具有现代意义的艺术符号。

红色文化与艺术的结合也为传统艺术形式注入了新的活力，红色题材的京剧、曲艺和舞蹈等，既保留了传统艺术的韵味，又增添了现代感和创新性。这种跨界合作不仅为红色文化找到了新的表现方式，也为传统艺术开辟了新的发展空间。

（二）与教育的融合

红色文化与教育的融合是一个双赢的过程，它既丰富了教育内容，也活化了红色文化，使红色文化在新的时代背景下焕发新的活力。教育的核心是传承和启迪，红色文化中蕴含的英雄事迹、坚韧精神和价值理念为教育提供了生动的素材。红色主题的教学内容，不仅加深了学生对历史的认识，更重要的是培养了他们的道德情操，塑造了他们的世界观、人生观和价值观。这些教学内容为教育者提供了一个完美的桥梁，连接了历史与现实、理论与实践。

现代教育手段，如多媒体教学、互动式教学等，使红色文化的传播变得更加生动有趣。例如，通过 VR 技术，学生可以"身临其境"地体验红色革命的历程，深入了解革命先辈的生活和奋斗历史。这种互动性和真实感强烈地刺激了学生的好奇心和探索欲，使他们更加主动地参与到学习中。红色文化与教育的融合也为课外活动提供了丰富的资源，红色主题的社会实践、研学旅行和夏令营等，使学生走出课堂，亲身体验红色文化的魅力，这些活动不仅增强了学生的实践能力，更培养了他们的团队精神和社会责任感。红色文化在教育中的应用，也为教育者带来了新的启示，它教会教育者如何用历史教育现代学生，如何用情感触动心灵，如何用文化培养人，这为教育提供了新的理论支撑和实践方法。

（三）与旅游业的结合

红色文化与旅游业的结合，为两者都带来了新的发展机遇。红色旅游作为一个重要的旅游品类，其未来的发展前景十分广阔，必将在旅游业中占据更为重要的地位。

在旅游业中，红色文化主题的旅游产品已经成为一大热点。传统的红色旅游，如参观革命遗址、红色教育基地等，已经成为众多旅游目的地的标志性景点。而跨界合作的加入，使得红色旅游得到了进一步的拓展和创新，不仅加深了游客对红色文化的认识，也激发了他们对历史的热情和兴趣。红色文化与文化产业的结合，如许多红色文化主题的展览、论坛、讲座等，为游客提供了更深层次的文化沉浸，这些活动不仅丰富了游客的旅游体验，也为红色文化的研究和传承提供了新的平台。红色文化与手工艺领域的合作也为红色旅游带来了新的亮点，红色主题的工艺品、纪念品等，成为游客们的热门选择，这不仅增强了红色旅游的吸引力，也为当地带来了新的经济增长点。

更值得一提的是，红色旅游的智慧化发展结合现代技术手段，如大数据、人工智能、虚拟现实技术、增强现实技术等，为游客提供了更为个性化和智能化的旅游服务，如智能导览、旅游推荐、流量预测等，使红色旅游更加适应现代社会的需求。

第二节 红色文化的未来发展趋势

红色文化深深植根于中国的土壤，承载了一段段波澜壮阔的历史，它诞生于艰难的岁月，伴随中国人民的抗争与斗争，渐渐发展为一种坚定的信仰和强烈的情感共鸣。在现代社会的快速发展中，红色文化如何延续其独特的魅力，又如何与新时代文化强国背景相适应，成为需要深入探索的议题。

一、红色文化的可持续发展

红色文化的可持续发展不仅仅是对其历史和文化价值的保护，更是对其与时俱进、永续传承的要求。这种发展应当从环境、社会和经济三个层面来考虑。

（一）环境层面

红色文化不仅仅是一种精神象征，它还与具体的地点、建筑和历史遗迹紧密相连。因此，环境的保护与维护对于红色文化的传承尤为重要。在红色旅游地，生态环境的保护是为游客呈现一个真实、完整的历史画面，让他们更加深入地体验和感悟红色文化所带来的震撼。红色遗址和纪念地的修复和保护也是环境层面的重要内容，对于那些经年累月受到风化、人为损害的红色文化遗址，及时修复和维护是对历史的尊重，也是对后人的负责。这些遗址和纪念地是红色文化的直观体现，它们见证了历史的发展和民族的奋斗，对于传承红色文化有着不可替代的作用。

此外，对红色旅游地的开发和利用应当注重与当地社区的合作和沟通，尊重他们的生活习惯和文化传统，确保在发展红色旅游的同时，不破坏当地的生态环境和社会文化氛围。在进行基础设施建设时，如交通、住宿等，也要考虑其对环境的影响，力求实现绿色、环保的建设。

（二）社会层面

红色文化的影响力并非固定不变，它与社会的发展和人们的价值观念息息相关。为了确保红色文化在现代社会中继续受到尊重和推崇，其在社会层面的活化与创新显得尤为关键。

在当代，随着科技的发展和新媒体的兴起，传统的传媒方式已经不能满足人们的需求。因此，红色文化需要借助现代技术，如虚拟现实、增强现实等，为人们提供更加丰富和生动的体验。例如，虚拟现实技术可以让人们身临其境地体验革命历史，增强现实技术则可以为红色遗址和纪念地增加互动性，让参观者在实地参观的同时，能够获取更多的历史信息和背景知识。随着社会的多元化发展，红色文化也需要与其他文化进行交流和融合，以拓展其影响力。例如，可以将红色文化与当地的民族文化、宗教文化等结合，创造出具有当地特色的红色文化产品，这不仅可以增强红色文化的吸引力，还能促进不同文化之间的交流和互鉴。此外，红色文化的教育普及也十分关键。要确保新一代能够真正理解和珍视红色文化，必须将其纳入教育体系，让学生从小就接触和学习革命历史和精神，还可以通过举办各种公众讲座、展览、工作坊等活动，让更多的人了解红色文化，感受其深厚的历史底蕴。

（三）经济层面

经济的发展与变革为红色文化提供了新的机遇和挑战，红色文化在经济层面的价值并不仅仅是其历史和精神内涵，更多地表现为它所带来的实际经济效益。但在追求经济效益的过程中，如何保持红色文化的核心价值和真实性，避免过度商业化是一大考验。

红色旅游作为红色文化的一大经济支柱，近年来呈现稳健增长的态势，不少地区通过开发红色旅游资源，带动了当地的旅游产业和相关行业的发展。为了满足游客的多样化需求，许多红色景点除了提供参观体验，还开发了各种红色主题的休闲娱乐、餐饮、住宿等服务，这样的一体化服务模式，既增强了旅游的吸引力，也带来了较高的经济回报。红色文创产品也是经济层面的重要组成部分，从红色主题的图书、纪录片，到各种纪念品、工艺品，都深受消费者喜爱。这些产品不仅满足了人们的消费需求，更在传播红色文化的同时，为相关产业带来了稳定的经济收入。影视产业中的红色主题作品也为经济贡献了不小的力量，历史题材的电影、电视剧在票房和观众评价上均表现优异，展现出了强大的市场潜力。这种类型的作品在传播红色文化的同时，也为影视产业提供了新的发展方向。

然而，人们在追求经济效益的同时，必须保持对红色文化真实性的尊重，避免过度商业化，确保在经济活动中始终体现出红色文化的核心价值和精神内涵。

二、红色文化与当代青年的互动与影响

红色文化与当代青年的互动与影响是一个复杂而又富有挑战性的议题，要想在新一代中实现红色文化的有效传承和继承，就必须从多个角度入手，与时俱进，创新方法，真正做到心与心的沟通。

（一）理解现代青年的思维特点

当代青年成长在数字化、网络化的环境中，他们在社交、信息获取、娱乐等方面的行为都受到了技术进步的深刻影响，独立思考、追求创新和强烈的自我表达欲望是他们的显著特征。红色文化对他们而言，可能是一个相对陌生的领域，正因为如此，红色文化才隐藏了无尽的探索空间和契机。

现代青年对事物有更加开放的态度，他们乐于探索，但对于灌输式的教育和信息推送有所抵触，因此，传统的讲述和呈现方式可能不再适用。红色文化中的故事和经验，如果能与他们的生活经验和情感产生联系，将更易于得到他们的关注。例如，可以尝试将红色文化中的人物故事与现代的成长故事相结合，让青年感受到历史与现实之间的共鸣。而对于当代青年来说，互动和参与性非常重要，他们不满足于做旁观者，而是希望能够成为参与者，有机会在其中发出自己的声音。因此，为他们创造机会，如开放性的红色文化活动、互动展览、在线讨论等，都可以使他们更加深入地参与红色文化的学习和体验。与当代青年的沟通方式也需要有所更新，他们更加习惯图像、视频、动画等多媒体方式，而不是单一的文字。因此，红色文化的传播形式也应尽可能地与这些媒体相结合，以更加生动、有趣的方式展现内容，引发青年的关注和兴趣。

（二）利用现代传媒手段

在当今信息爆炸的时代，传媒手段的变革为红色文化的传播开辟了新的渠道，短视频平台如抖音、快手等，已成为当代青年获取信息的首选。创作者可以通过制作高质量的短视频，结合革命历史、英雄事迹以及重要事件，使红色文化的内容更具吸引力和感染力，这种形式既能满足青年迅速消费信息的习惯，又能深入传播红色文化的核心理念。

社交平台如微信、微博等，则为红色文化的宣传提供了更广泛的平台，在这些平台上，用户可以通过分享与红色文化相关的文章、图片和音频，让更多人了解和参与到红色文化的传承中来。此外，通过与社交平台上的网红合作，可以更有效地扩大红色文化的影响力，使其更加深入人心。移动互联网的普及也为红色文化的传播提供了便利，人们可以开发与红色文化相关的 App 或小程序，集成红色文化的各种资源，如红色旅游地图、红色电影、音乐等。用户可以通过这些 App 和小程序随时随地浏览和了解红色文化，体验红色文化的魅力。

（三）注重实践与体验

现代青年的学习与接受方式已经从单纯的知识传授转向了实践与体验，他们希望能够在实际的操作与参与中感受红色文化的魅力，从而对其有更深入的了解和体验。红色文化有着得天独厚的优势，历史上的革命活动、战争故事以及英雄事迹都为当代青年提供了丰富的实践与体验的素材。例如，学校或企业可以组织红色文化实地考察，让青年亲临历史遗址，了解历史背后的故事；通过情景模拟等方式，让他们身临其境地体验红色文化的魅力。这些实践活动不仅能够加深青年对红色文化的了解，更能够使他们对其产生深厚的感情。

（四）培养青年的爱国情怀

红色文化的核心是传递爱国主义精神，在与当代青年的交流中，这一精神的价值更为显著。对于生活在和平年代的青年来说，可能很难直接体验到战争的残酷与国家的艰难，但是，通过红色文化的传承，他们可以更加明白先辈为国家所作的努力与牺牲。

为了更好地培养青年的爱国情怀，应该从情感与理念两方面入手。

情感上，可以通过真实感人的红色故事来打动他们，让他们对国家产生更深厚的感情；理念上，则要明确红色文化中的爱国主义精神，将这种精神与当代的价值观念相结合，使其更符合现代社会的实际。

三、国际化的红色文化传播

在全球化的背景下，文化的跨界传播成为一种常态。红色文化作为中国的独特历史与文化遗产，其在国际舞台上的传播与展现不仅有助于增强中国的文化软实力，还有助于让世界更加深入地了解中国的历史、文化和价值观。

（一）结合国际文化交流平台

国际文化交流平台为红色文化提供了一个窗口，展示其独特价值和魅力。在全球化的背景下，各国文化交流日益频繁，而红色文化作为中国现代历史的一个重要部分，在这样的平台上呈现，无疑可以提高其国际知名度和影响力。

红色文化在各种国际文化节、展览、论坛上的呈现形式多种多样。例如，在国际书展上，策展人员可以专门设立一个展区，集中展示关于红色历史、英雄人物、重要事件的图书，配以丰富的图片、实物、音频等，为人们提供一个全面、立体的了解。此外，还可以邀请红色文化研究的专家学者举办讲座、座谈，与国际读者进行深入的交流与讨论。在国际艺术节上，红色主题的戏剧、舞蹈、音乐等表演形式，都是传播红色文化的有效方式，特别是那些描写英雄事迹、抗争历程、革命精神的作品，它们所蕴含的情感和价值观，往往能够打动人心，跨越文化差异，与各国人民产生共鸣。

在各种国际论坛上，红色文化可以作为一个独特的议题，与世界各国的代表分享其发展历程、核心价值、未来展望等，这不仅可以增进外界对红色文化的了解，还可以借此机会让红色文化与其他文化进行对话，寻找共同点，促进文化的互鉴和交流。

（二）利用红色主题的国际影视制作

影视作品有着生动的叙述和直观的表现形式，历来是文化传播的有力工具。在红色文化的国际传播上，利用影视制作无疑是一个重要的途径。为此，文艺工作者在结合红色主题进行国际影视制作时，须确保其内容的真实性、深度和普遍性，使其不仅符合中国的红色文化特色，也能够为各国人民所接受。

对接国际影视市场可以选择与国外知名的影视公司和导演合作，共同制作具有红色主题的影视作品，这样既可以确保作品的制作水准，也有助于作品在国际市场的推广和传播。此外，将红色主题融入国际化的叙事框架中，如抗战、抗争等，能够使各国人民从中看到中国的历史和文化，同时也看到人类普遍的斗争和情感。

影视作品是跨文化交流的重要手段，通过与国外影视公司合作，制作具有红色主题的电影和电视剧，可以更直观地将红色文化的故事和价值观展现给各国人民。这些作品应注重国际化的叙事方式和视角，使其能够被不同文化背景的人们所接受和欣赏。

（三）推动海外红色文化展览

海外红色文化展览是将红色文化物质化、形象化地展现给国际观众的有效手段，通过展览，人们可以直观地看到红色历史的照片、文件、物品等，感受那一段历史的震撼。

选址上应选择国际影响力较大的博物馆、艺术中心或文化机构，这样不仅可以确保展览的质量和规模，还能够吸引更多的外国人前来参观。

在展览内容上，应确保其丰富多样、真实客观，除了传统的图片、文献、艺术品等，还可以加入多媒体、互动等现代展览手段，使展览更为生动和吸引人。例如，利用虚拟现实技术，让人们亲身体验革命历程中的重要时刻，或是使人们通过互动屏幕，了解红色英雄背后的故事。而在展览的宣传和推广上，可以利用当地媒体、社交网络、合作伙伴等渠道，扩大展览的影响，吸引更多的人前来参观。同时，也可以通过与当地学校、社团、机构等合作，组织各种活动和讲座，进一步加深各国人民对红色文化的了解和认识。

（四）强化数字化与在线传播

在当今数字化高度发展的时代，在线传播为红色文化的国际宣传提供了无可比拟的平台。数字技术的应用不仅为红色文化提供了更广阔的传播空间，也为各国人民创造了一个随时随地了解红色文化、体验红色文化和与红色文化互动的渠道。通过建设红色文化的专属网站和 App，可以集中展示红色文化的丰富内容，从历史背景、重要事件、人物故事到相关的艺术作品等。

社交媒体在国际文化传播中的作用不容小觑。定期在各大社交媒体平台上发布红色文化相关内容，能够迅速触及广大用户，并引发他们对红色文化的兴趣，这些内容可以是图文、音频或视频，但最重要的是要确保它们具有吸引力和真实性。现代技术如虚拟现实和增强现实，为红色文化传播提供了新的可能性，用户可以通过这些技术获得更为真实和沉浸式的体验，进一步感受红色文化的魅力。除此之外，红色文化的线上教育和研讨也为其在国际的传播打开了新的窗口，通过网络公开课、讲座和研讨会，红色文化可以进一步与各国人民进行深入的交流和互动。

参考文献

[1] 李霞：《红色文化：认同、传承与创新》，江西高校出版社 2021 年版。

[2] 邱小云：《红色文化十讲》，江西高校出版社 2018 年版。

[3] 张楠楠：《跨文化视野下河北红色文化的对外传播研究》，吉林大学出版社 2021 年版。

[4] 朱钦胜：《中国红色文化研究文集》，广东人民出版社 2017 年版。

[5] 王爱华：《红色文化与思想教育》，西南交通大学出版社 2012 年版。

[6] 马静：《红色文化教育理论与实践研究》，南开大学出版社 2015 年版。

[7] 张海峰、刘焕峰、樊军娟：《弘扬革命文化 传承红色基因》，重庆出版社 2019 年版。

[8] 杜改仙：《红色旅游资源开发、文化传承及其育人研究》，九州出版社 2021 年版。

[9] 张正华、韦德强、陈瑞：《厚植红色基因 文化铸魂育人》，广西师范大学出版社 2021 年版。

[10] 唐银芝：《红色文化的传承与发展》，《区域治理》2023 年第 2 期。

[11] 成军芳：《党校传承红色文化的研究》，《活力》2023 年第 6 期。

[12] 刘斌、颜琛婧：《对红色文化的多维思考》，《井冈山大学学报（社会科学版）》2023 年第 4 期。

[13] 张钰桢：《文化研学综述》，《合作经济与科技》2021年第21期。

[14] 张建宝：《红色文化的短视频创作与传播》，《文化创新比较研究》2023年第16期。

[15] 宋学勤：《让红色文化传承不息》，《人民周刊》2021年第11期。

[16] 陈麟辉：《红色文化场馆在红色文化传播中的角色与作用》，《党政论坛》2021年第2期。

[17] 王冬雅、王姝：《新时期红色文化创新发展研究》，《文化创新比较研究》2023年第9期。

[18] 张鹤、李晗：《红色文化：当代阐释与价值分析》，《大众文艺》2023年第8期。

[19] 杨艳杰：《红色文化的时代价值分析》，《品牌研究》2021年第6期。

[20] 徐功献、彭健斌：《红色文化的真善美特质论析》，《山西高等学校社会科学学报》2023年第7期。

[21] 于言坤：《红色文化的时代诠释和传承》，《吉林广播电视大学学报》2021年第4期。

[22] 向长艳、旦雅宁：《中国红色文化的国际传播策略研究》，《新闻爱好者》2023年第4期。

[23] 陈琳、程彤、吴耀明：《河北红色文化资源开发与利用研究》，《文化产业》2023年第4期。

[24] 何洪兵：《价值遮蔽与彰显：红色文化的当代传承》，《四川大学学报（哲学社会科学版）》2023年第4期。

[25] 赵丽媛、翟继军：《大学生红色文化教育研究综述》，《活力》2023年第3期。

[26] 陈琳、高德强：《红色文化资源的开发利用模式探析》，《文化创新比较研究》2023年第2期。

[27] 孙佳佳：《红色文化的历史演变及当代价值研究》，《中国民族博览》2023年第2期。

[28] 成虹：《文旅融合助力红色文化旅游发展》，《文化产业》2023年第23期。

[29] 管新华、黄欣阳：《有效促进红色文化资源的价值转化》，《群众》2023年第6期。

[30] 施坚：《永不褪色的红色文化教育》，《江苏教育》2020 年第 74 期。

[31] 陈霞：《红色文化教育研究》，《山西青年》2019 年第 11 期。

[32] 徐宏谟：《融媒体视阈下红色文化的传播》，《新教育时代电子杂志（教师版）》2022 年第 43 期。

[33] 黄逸超、丁立磊、李明伟：《河北红色文化传承路径创新探索》，《文化创新比较研究》2022 年第 35 期。

[34] 郝备：《讲好红色文化故事 传承红色文化基因》，《文化产业》2020 年第 27 期。

[35] 薛焱：《红色文化概念新探》，《红色文化学刊》2019 年第 3 期。

[36] 瞿静：《红色文化对青少年的影响探究》，《文化创新比较研究》2022 年第 24 期。

[37] 昌盛、贺毅夫：《红色文化与外来文化的融合机理研究》，《文化创新比较研究》2022 年第 23 期。

[38] 李金花：《中国红色文化研究主题及趋势》，《合作经济与科技》2022 年第 24 期。

[39] 程加明：《学习党史、中国红色文化的思考》，《活力》2022 年第 16 期。

[40] 童书元、高闽：《"互联网+"时代红色文化的传播策略探究》，《文化创新比较研究》2022 年第 15 期。

[41] 汤倩、刘克利：《红色文化的网络传播困境及出路》，《传播力研究》2022 年第 12 期。

[42] 欧阳靖瑶：《红色文化网络传播现状研究》，《公关世界》2022 年第 12 期。

[43] 洪向华、王海璇：《让红色文化放射出新的时代光芒》，《中国德育》2022 年第 8 期。

[44] 王冬雅、管月：《社区红色文化主题景观设计研究》，《大观》2022 年第 9 期。

[45] 金琴芳：《新时代红色文化传播观》，《党史博采（理论版）》2022 年第 8 期。

[46] 窦立毅：《红色旅游导游讲解与红色文化传承》，《旅游纵览》2022 年第 13 期。

[47] 曾素林、曾玉珠、胡和霞：《红色文化的育人价值及其实现》，《教学与管理》2022 年第 24 期。

[48] 焦红波：《红色文化符号及其传播系统建构》，《新闻爱好者》2022年第7期。

[49] 梅馨、刘轩：《多重维度视角下的红色文化》，《中国民族博览》2022年第5期。

[50] 常胜：《新时代红色文化建设新使命》，《井冈山大学学报（社会科学版）》2022年第4期。

[51] 夏俊华、李晓静、刘锐：《红色文化当代价值的五维探析》，《漯河职业技术学院学报》2022年第4期。

[52] 谢清果：《红色文化与中华文明的共生传播研究》，《厦门大学学报（哲学社会科学版）》2022年第4期。

[53] 胡守勇：《建党百年红色文化的世界意义》，《当代中国价值观研究》2022年第3期。

[54] 刘晶晶、韩建伟、赵琳捷：《论红色文化的时代价值》，《现代职业教育》2020年第39期。

[55] 裴赟芬：《论红色文化与文化自信》，《党史博采（理论版）》2020年第8期。

[56] 郭琳琳：《红色文化市场营销策略研究》，《山东工艺美术学院学报》2022年第3期。

[57] 孙剑、李翔：《发展红色旅游传承红色文化》，《旅游纵览》2022年第3期。

[58] 杨宏伟、李卫康：《西柏坡红色文化的内涵与传承》，《党史博采（理论版）》2020年第7期。

[59] 张慧楠、郭英楠：《中国共产党百年红色文化的创新研究》，《活力》2022年第2期。

[60] 任显钜：《论红色文化进校园的重要性》，《河北软件职业技术学院学报》2022年第2期。

[61] 刘振琳：《红色文化的政治社会化功能探析》，《思想政治课研究》2022年第1期。

[62] 李莉莉：《论百年大党的红色文化滋养》，《辽宁省社会主义学院学报》2022年第1期。

[63] 武婷、王常柱：《红色文化的本质内涵与当代弘扬》，《中北大学学报（社会科学版）》2022年第1期。

[64] 王聪：《传承红色文化的路径探析》，《智库时代》2020 年第 5 期。

[65] 陈丽娇：《红色文化传承路径探索》，《产业与科技论坛》2020 年第 4 期。

[66] 陈挥、李明明：《建党精神与红色文化基因》，《党政论坛》2020 年第 1 期。

[67] 钱建国：《红色文化的当代教育价值分析》，《江苏教育》2021 年第 58 期。

[68] 伍红林、杨玥：《红色文化的育人内涵及其教育转化》，《江苏教育》2021 年第 58 期。

[69] 张琴芬：《论红色文化的内涵、特征和当代价值》，《江苏教育》2021 年第 58 期。

[70] 郑培、杨凯乐、魏祎璠：《我国红色文化传承的路径与措施》，《当代旅游》2021 年第 36 期。